Daniela Tausch-Flammer / Lis Bickel

Jeder Tag ist kostbar

HERDER spektrum

Band 5522

Das Buch

„Sammle dir jeden Tag etwas Ewiges, das dir kein Tod rauben kann, das den Tod und das Leben dir lieblicher macht." Die lebenspraktische Empfehlung eines Mystiker gilt auch in unserer Leistungs- und Konsumgesellschaft. Gesellschaft, Geld, Leistung und Karriere dürfen durchaus einen Stellenwert im Leben haben. Es geht aber darum, offener zu werden für diese tiefere, sinnorientierte Sichtweise des Lebens – jeden Tag. Darum machen die Autorinnen auch konkrete Übungsangebote. Sie laden ein, sich mit der Frage zu konfrontieren: Wie würde ich leben, wenn ich nur noch ein Jahr Zeit zu leben hätte? Was hätte ich versäumt, was würde ich nicht mehr machen, was wäre mir statt dessen wichtig und unverzichtbar? Manchmal braucht es Mut, manchmal müssen Konventionen vergessen werden, damit ein erfülltes Leben in größerer Fülle möglich wird und die Kostbarkeit des Lebens möglichst jeden Tag und jeden Augenblick in den bewußten Lebensvollzug gelangen kann. – Ein Buch, das unserem Leben eine Wende zu geben vermag.

Die Autorinnen

Dr. *Daniela Tausch-Flammer,* Jahrgang 1961, Diplom-Psychologin, leitete zehn Jahren lang den Hospiz-Dienst „Begleitung Sterbender und ihrer Angehörigen" in Stuttgart. Bei Herder: *„Sterben nahe sein"; „Wenn Kinder nach dem Sterben fragen"* (zusammen mit Lis Bickel); *„Wenn ein Mensch gestorben ist – wie gehen wir mit dem Toten um!"* ‚Wege durch die Trauer' – ‚Ich möchte Dich begleiten' (zusammen mit Lis Bickel).

Lis Bickel, Künstlerin, Kunsttherapeutin und psychologische Beratung, Stuttgart..

Daniela Tausch-Flammer / Lis Bickel

Jeder Tag ist kostbar

Endlichkeit erfahren – intensiver leben

HERDER

FREIBURG · BASEL · WIEN

Gedruckt auf umweltfreundlichem,
chlorfrei gebleichtem Papier

5. Auflage

Originalausgabe

Alle Rechte vorbehalten – Printed in Germany
© Verlag Herder Freiburg im Breisgau 2000
www.herder.de
Satzbearbeitung: Fotosetzerei G. Scheydecker, Freiburg i. Br.
Herstellung: fgb · freiburger graphische betriebe 2006
www.fgb.de
Umschlaggestaltung und Konzeption:
R · M · E München / Roland Eschlbeck, Liana Tuchel
Umschlagmotiv: © Tony Stone Bilderwelten
ISBN-13: 978-3-451-05522-5
ISBN-10: 3-451-05522-8

Inhalt

Worte zum Geleit
Vom Aufbau und Lesen dieses Buches   7

Einleitung
Woher wir kamen und wohin wir gehen   11

Teil 1
AUGENBLICKE DER EWIGKEIT

1 Im Jetzt leben
Von der Zeit   26

2 Alles verändert sich
Von den Werten, dem Sinn und der Freude   40

3 Sich selbst werden
Von der Individuation   64

4 Die verwandelnde Kraft erfahren
Von der Schwere und dem Dunkeln   80

5 Der Körper als Tempel der Seele
Von der Beziehung zum Körper   98

6 Aneinander wachsen
Von den Beziehungen   115

7 Alles wird neu
Von der Natur   132

8 Die Seele wird immer jünger
Vom schöpferischen Geheimnis   143

9 Gott näher kommen
Von der Religion und der Spiritualität   154

Teil 2
Der Weg

1 Sich dem Wachstum verpflichten
  Der Alltag als Übung 168
2 Das Leben feiern 171

Worte zum Geleit
Vom Aufbau und Lesen dieses Buches

Dieses Buch hat lange mit uns gelebt, immer wieder haben wir etwas verändert, so daß sich auch die innere und äußere Gestalt mit unserem Prozeß gewandelt hat. Wir möchten Ihnen zu dieser Endform einige Gedanken mitteilen:

Dieses Buch ist durch die vielen persönlichen Erfahrungsberichte und Äußerungen zum Teil ein sehr intimes Buch. Vielleicht haben Sie manchmal beim Lesen der Kapitel das Gefühl: „Oh, das ist mir jetzt aber zuviel, zu nah" oder „Das macht mich jetzt sehr betroffen". Wir möchten Sie ermutigen, dieses Buch in Ihrem Tempo zu lesen. Vielleicht ist es gut für Sie, es immer mal wieder zur Seite zu legen, um innezuhalten, nachzuspüren, „Luft zu bekommen". Setzen Sie sich unter keinen Druck.

Die Kapitel des Buches haben keine aufeinander aufbauende Abfolge. Sie können also mit dem Kapitel beginnen, welches Sie am stärksten anspricht, bei dem Sie spüren: „Ja, das hat etwas mit mir zu tun. Das beschäftigt mich gerade." Folgen sie mehr Ihrem eigenen inneren Ablauf als unserer äußeren Form. So wird es mehr und mehr zu Ihrem eigenen Buch werden und sich mit ihrem Leben verbinden.

Wir haben immer wieder zwischen der weiblichen und der männlichen Anredeform hin- und hergewechselt, da wir meinen, daß die doppelte Form von z.B. PartnerInnen den inneren Lesefluß behindert. Wir wünschen uns, daß Sie sich als Leserin und als Leser in beiden Formen angesprochen fühlen.

Die wunderbare Wirklichkeit
Vom Umgang mit den Erfahrungsangeboten

Jedes Kapitel beschreibt, was der Tod in den unterschiedlichen Lebensbereichen auslösen kann und zeigt seine verändernde und wandelnde Kraft.

Innerhalb der Kapitel bieten wir Ihnen hin und wieder einen Impuls, eine kleine Übung zur eigenen Erfahrung an. Dies sind nur Angebote, und Sie können spüren, ob Sie lieber gleich weiter lesen wollen oder durch eine Anregung das Thema etwas tiefer an sich selbst erfahren möchten. Sie lassen sich mehr auf die Anregungen ein, wenn Sie sie schriftlich machen. Gerade das Schreiben setzt oft schon einen eigenen inneren Prozeß der Wandlung und Veränderung in Gang. Hemmen Sie sich nicht dadurch, daß Sie denken: „Nein, schreiben, formulieren, kann ich nicht. Das können andere doch viel besser". Es kommt nicht darauf an, daß Sie wohlformulierte Sätze aufschreiben, sondern vielmehr, daß Sie beim Schreiben genauer spüren, was in Ihnen ist. Sie können auch nur Stichwörter aufschreiben. Vielleicht hemmt sie auch der Gedanke: „Ja, aber, wenn das dann jemand liest?" Es wäre die Frage, was dann wirklich passieren würde, aber wenn es Sie beeinträchtigt, so können Sie das Geschriebene auch wieder verbrennen, es der verwandelnden Kraft des Feuers übergeben.

Am Ende jedes Kapitel bieten wir Ihnen nochmals einige „Impulse" an, damit das Thema noch tiefer in Ihnen nachklingen kann. Lesen Sie zuerst die Angebote und spüren Sie, ob das eine oder andere Sie anspricht. Bei manch einem Impuls oder „Übung" spüren Sie vielleicht Widerstand: „Nein, das find' ich doof." – „Das würd' ich nie machen" – „Das ist mir viel zu viel Arbeit", bei anderen spüren Sie möglicherweise Angst: „Das wag' ich mich nicht. Das löst zuviel in mir aus", und bei anderen wiederum spüren Sie eine freudige Neugierde: „Oh ja, das ist ein guter Impuls, dazu habe ich Lust", oder „Es kommt mir etwas komisch vor, aber ich probier es mal." Wahrscheinlich werden Sie auch zu verschiedenen Zeiten unterschiedliche Übungen ansprechen, je nachdem in welcher emotionalen Stimmung und Lebenssituation Sie sich befinden.

Es gibt ganz unterschiedliche Übungen, durch die Sie verwandelnde Erfahrungen machen können, wenn Sie sich einlassen. Wir haben ganz unterschiedliche Übungen zu den verschiedenen Themen ausgewählt, und nur Sie können für sich entscheiden, ob und wann Sie eine Übung anzieht. Zwingen Sie sich auf keinen Fall zu einer Art „Übungsprogramm". Es geht auch nicht darum, jetzt alle Impulse wie Hausaufgaben zu erfüllen. Viel entscheidender ist, wie intensiv Sie sich auf das jeweilige Angebot einlassen können. Fragen Sie sich, ob Sie den Impuls nur umsetzen, weil sie alle Aufgaben erfüllen möchten, oder machen Sie sie mit Ihrem Herzen und Ihren Gefühlen?

Sie können die Angebote auch vereinfachen oder verändern, ganz so wie es für Sie stimmig ist. Sehr schön ist auch die Vorstellung, diese Erfahrungen nicht alleine zu machen, sondern z.B. mit Freunden zusammen oder in einer Gruppe.

Sollten Sie bei einer der angebotenen Übungen merken, daß Sie Ihnen nicht gut tut, sei es, daß Sie sich überfordert fühlen oder sie Ihnen angst macht, dann nehmen Sie auf eine sanfte Weise Abstand von Ihrem Vorhaben. Gehen Sie liebevoll mit sich um, versuchen Sie sich darin zu verstehen, anstatt sich zu verurteilen und zu bewerten. Die Seele weiß, was für Sie jetzt im Moment gut ist und was zu viel ist. Vertrauen Sie Ihrem Spüren.

Wir möchten im folgendem kurz einige der angebotenen Übungstechniken beschreiben. Da gibt es:

– *Innere Erfahrungsübungen*, durch die Sie, entweder gedanklich fragend oder auch in schriftlicher Form, angeregt werden, sich mit einem Thema auseinanderzusetzen.

Da gibt es z.B. die Frage: Wie würde ich meine Zeit gestalten, wenn ich nur noch einen Monat zu leben hätte? Nehmen Sie sich Zeit für diese innere Befragung. Sie werden dann mit wichtigen Einblicken über Ihre Leben, Ihr Wesen, Ihre Ziele, Ängste und Hoffnungen beschenkt werden.

– Dann gibt es *Übungsangebote* über einige Stunden oder sogar einen längeren Zeitraum hinweg. Hier ist es wichtig, daß Sie sich Zeit und innere Ruhe für diese Selbstbegegnung nehmen. Gestalten Sie eine solche Zeit wie ein kostbares Lebensritual, indem Sie sich vorbereiten und einstimmen, alle äußeren Bedingungen sorgfältig regeln, so daß sie nicht gestört werden. Gönnen Sie sich auch noch stille Zeit zum Ausklang. Manchmal ist es hilfreich, einem Freund oder einer Freundin von einer solchen inneren Reise zu erzählen.

Zu manchen Übungen können Sie auch einen Partner, eine Partnerin oder einen Ihnen vertrauten Menschen einladen und so ein tiefes Erlebnis miteinander teilen.

– Dann gibt es da wiederum ganz *extravertierte, soziale Übungen*, die Ihnen einfach Freude und Lebendigkeit schenken wollen und Sie mit neuen, erweiterten „Lebenserfahrungen" bereichern.

9

– Unter den Impulsen sind auch *geleitete Vorstellungsübungen*, also ein Text, der Sie zu Ihren Gefühlen und inneren Bildern hinführen will. Vielleicht sprechen Sie sich den Text vorher auf eine Kassette oder Sie bitten eine Ihnen nahestehende Person, Ihnen den Text vorzulesen. Wichtig ist, daß Sie ihn langsam, mit einer weichen, zugewandten Stimme lesen. Damit ermutigen Sie sich, in Ihre inneren Erfahrungen einzutauchen. Hören Sie den Text in einer entspannten Körperhaltung, vielleicht im Liegen und mit geschlossenen Augen, so daß Sie sich ganz dieser inneren Erlebnisreise zuwenden können. Wir haben die Texte in der Du-Form geschrieben, da Sie sich ja selbst oder ein naher Mensch Ihnen den Text liest. Sie können den Text auch mit leiser Meditationsmusik untermalen, denn die Musik hilft uns, von unserem Denken und Kontrollieren loszulassen und uns für das innere Spüren zu öffnen.

Die Erfahrungsberichte wollen Sie ermutigen, sich dem Impuls zu öffnen.

Wir möchten noch eine Empfehlung aussprechen: Machen Sie nie mehrere Übungen auf einmal. Betrachten Sie die Angebote als kostbare Möglichkeit der Selbstbegegnung, die Sie sich immer einmal wieder selber schenken.

Wir wünschen uns, daß Sie das Buch als eine Bereicherung und als eine Vertiefung für Ihr Leben erfahren und daß Ihr Leben durch den Gedanken an die Endlichkeit an Intensität und Schönheit gewinnt.

Einleitung
Woher wir kamen und wohin wir gehen

Ich möchte den Menschen sagen können,
sie sollen sich nicht Liebesglück oder Erfolg
oder Reichtum oder Macht oder ein langes Leben,
ja nicht einmal Gesundheit wünschen;
ich möchte, daß sie ihre Hände falten
und ihre Gedanken in dem einen Gebet vereinigen:
Gott, großer Gott, laß meine Seele zur Reife kommen,
ehe sie geerntet wird.

Selma Lagerlöf, Der Fuhrmann des Todes

Beim Schreiben dieses Buches haben die beiden Autorinnen Zeiten der Erfüllung, aber auch des Fragens und des Suchens erlebt. Wir haben beide das Gefühl, daß es wie eine Zusammenfassung alle unserer Erfahrungen mit dem Tod, mit dem Leben und der Liebe ist. In diesem Buch drücken wir am meisten von uns selbst aus und bringen auch immer wieder unsere eigenen Erfahrungen mit ein.

Es kam uns manchmal der Gedanke, daß wir eigentlich ein Buch über die Liebe schreiben: über die Liebe zu dem eigenen Leben, zum eigenen Körper, zum Du, zur Gegenwart und zu der Schöpfung.

Wir haben immer wieder dem, was wir Schreiben, gegenüber große Ehrfurcht empfunden, auch im Wissen, daß wir nicht immer das leben können, was wir schreiben. Es ist uns wichtig, deutlich zu machen, daß wir genauso auf dem Weg sind, manchmal das Gefühl haben, ganz am Anfang zu stehen, mal weiter zu kommen, aber dann auch wieder zurückzufallen.

Wir wissen nicht, wie wir in einigen Jahren über das Geschriebene denken; vielleicht stehen wir dann schon wieder an einem ganz anderen Ort. Das geschriebene Wort bleibt, steht immer noch, selbst wenn wir schon auf unserem Weg weitergegangen sind. Von daher ist das Buch auch nicht vollständig, und jeder Leser wird es für sich selbst ergänzen.

Aufgeschrieben haben wir Erfahrungen, die wir und auch andere Menschen auf dem Weg gemacht haben. Es sind überwiegend positive Erfahrungen, weil wir den Leser ermutigen wollen, sich mit seiner Endlichkeit auseinanderzusetzen und für sein Leben zu lernen. Wir danken Maria Hahn für ihre bedachtsamen Korrekturen.

Wir haben es für uns so erlebt, daß der Tod ein sehr wichtiger Lebensbegleiter und Ratgeber für unser Leben war, der immer wieder ganz entscheidende Weichen stellte, uns neue Türen öffnete, uns zeigte, wo und was wir eigentlich noch nicht leben. Der Tod, wenn wir uns ihm stellen in all seiner Unerbittlichkeit, kann zum Brennglas werden, durch das wir unser Leben, das was wichtig ist für uns im Leben, deutlicher erkennen können.

Zur Hinführung möchten wir Sie teil-nehmen lassen, welche Beziehung wir selber zu Sterben und Tod haben und wie der Tod uns immer wieder innere Veränderungen abverlangt hat. Es ist sehr Persönliches, das wir mitteilen, aber wir sind auch zutiefst davon überzeugt, daß den Menschen gerade das Persönliche im Inneren anspricht, ihn berührt und für Fragen und Veränderungen öffnet. Angesichts des Todes gibt es kein geheimes Persönliches mehr, für das wir uns schämen bräuchten. Außerdem glauben wir und haben es immer wieder erfahren, daß das Persönlichste auch zugleich das allgemein Gültigste ist, so wie Carl Rogers, ein amerikanischer Psychologe, es sagte. Wir glauben, daß wir durch mitgeteilte Erfahrungen am meisten voneinander lernen können.

Daniela

Die Auseinandersetzung mit dem Tod
führt mich hin zum Leben.

A.-M. Tausch

In meiner Kindheit war der Tod für mich kein Thema. Ich kann mich nicht erinnern, daß er mit einem Tabu versehen war. Nein, es gab ihn einfach nicht. Ich weiß auch nicht mehr, wie wir mit dem Tod unseres Hamsters oder des Kanarienvogels umgegangen sind.

Der erste Tod, an den ich mich erinnere, war der Tod meiner Großmutter, die durch einen Autounfall starb. Es war die Mutter meiner Mutter, und ich weiß, daß meine Mutter eine sehr enge Verbindung zu ihr hatte. Aber wir redeten weder über ihre Trauer noch über die Grausamkeit dieses plötzlichen Todes. Auch der Tod der anderen Großmutter löste in mir keine Fragen aus, rüttelte mich nicht im Inneren wach. Dies geschah erst mit der Krebserkrankung meiner Mutter. Als mir damals meine Schwester die Diagnose mitteilte, sagte ich nur: „Ja, ich weiß es." Ich wußte nichts, aber ich konnte nicht über mein Entsetzen und die Angst sprechen. Wahrscheinlich hatte ich früh gelernt, immer die Tapfere und Starke zu sein.

Doch, jetzt beim Schreiben kommt mir, daß ich indirekt dem Tod schon früher begegnete. Ich war zwei Jahre zuvor magersüchtig gewesen und kann mich sehr deutlich an eine Situation abends im Bett erinnern, wo ich einfach nicht mehr konnte, keine Kraft mehr zum Leben hatte. In der Situation hörte ich eine innere Stimme, die eindringlich zu mir sagte: „Wenn du jetzt nicht wieder anfängst zu essen, wirst du sterben." Nicht, daß ich akut gefährdet war, aber ich spürte: „Wenn ich jetzt den Weg weiter gehe, dann gibt es für mich kein Zurück mehr." Das war das erste Mal, daß ich so intensiv die Verknüpfung von Tod und Leben spürte. Die Nähe des Todes zeigte mir sehr deutlich: „Ich will leben!" Vielleicht habe ich darum auch die Nähe des Todes so intensiv gesucht, weil ich diesen Lebensimpuls, diesen Lebenswillen in mir aufspüren wollte.

Nach der Diagnose der Krebserkrankung meiner Mutter begannen wir in der Familie über den Tod, über ihre und unsere Ängste zu sprechen, auch Fragen zu stellen, was nach dem Tod kommt. Angesichts des Todes erfuhr ich mit meiner Mutter eine sehr große Nähe und Vertrautheit. Sie hatte nun viel Zeit, und da ihr die Arbeit unwichtiger wurde, bekamen Begegnungen und die Suche nach der Spiritualität mehr Raum. Für mich verband sich die Nähe des Todes mit der Erfahrung, Nähe zueinander leben zu können, Zeit füreinander zu haben, zu reden, Gefühle zu leben, Da-Sein dürfen, ohne leisten zu müssen, ohne gut sein zu müssen, ohne perfekt zu sein. Dadurch öffnete sich in mir eine Tür zu meinem Inneren und die Gewißheit: „Es reicht, da zu sein, du mußt nichts Besonderes tun". Angesichts ihrer Endlichkeit hatte ich das Gefühl, daß die Liebe einen weiten Raum einnehmen durfte. Es entstand eine große Verbundenheit, und ich glaube, diese Nähe und Intensität der Begegnung habe ich später immer wieder in den Sterbebegleitungen gesucht. Ich hatte das Gefühl: „Ja, hier darf ich lieben, hier darf ich meine Liebe zum anderen

Menschen in seinem So-Sein zeigen, hier durch das Brennglas des Todes geschaut, zählt eigentlich nur, wie weit wir fähig sind zu lieben."

Durch die Auseinandersetzung mit dem Tod, durch die Nähe des Todes verlor ich etwas von meiner Angst vor dem Leben. Ich war vorher jemand, die mit viel Angst im Leben stand: Angst vor der Dunkelheit, Angst, keinen Beruf zu bekommen, Angst, keinen Ort zum Leben zu finden, Angst vor Menschen, vor Begegnungen. Sehr viel Unsicherheit war in mir und hielt mich gefangen. Durch die Lupe des Todes weitete sich dieser Angstring, bekam Löcher. Durch die Bewußtwerdung der Endlichkeit öffnete sich für mich eine Tür zur Spiritualität. In mir wuchs Vertrauen: „Das, was dir passiert, wird stimmen. Es geschieht nichts mit Willkür." Ich begann zu vertrauen, daß ich in meinem Leben geführt werde, von Gott begleitet bin, nicht allein und verlassen. Zum anderen verloren durch den Gedanken an den Tod manche Angstvorstellungen an Kraft, z. B. was macht es angesichts des Todes, wenn ich mich jetzt blamiere oder mich lächerlich mache? Was macht es angesichts des Todes, ob ich dies nun schaffe oder nicht? Die Gewißheit wuchs in mir, daß angesichts des Todes vor allem die Momente zählen, in denen ich gewagt habe, mich offen zu zeigen, mich für die Natur geöffnet habe und Begegnungen und Berührtwerden zugelassen habe.

So begann ich die Hospizarbeit, und ich erfuhr damals, was meine Mutter in ihren letzten Lebensjahren sagte: „Die Auseinandersetzung mit dem Tod führt mich hin zum Leben." Ja, ich wollte leben, brach in mein eigenes Leben auf.

Dies brach jäh in sich zusammen, als mein Mann sehr plötzlich durch eine Gehirnblutung starb. Ich erlebte den Satz, daß mich die Auseinandersetzung mit dem Tod zum Leben hinführt, als Hohn. Der Tod war grausam und sonst nichts! Mein Lebenswille brach in sich zusammen. Nicht, daß ich an Suizid dachte, damals nicht, aber ich hatte keine Kraft, keinen Willen zum Leben, war viel zu müde und mürbe vom Leid und vom Leben, was sich darin zeigte, daß ich in dieser Zeit viel krank war.

Erst durch seinen Tod kam auch der Tod meiner Schwester, die sich sieben Jahre zuvor das Leben genommen hatte, gefühlsmäßig in mir hoch. Damals, als sie starb, hatte ich nicht die Kraft dazu, da hätte mich die Auseinandersetzung zu sehr in meiner eigenen Person bedroht. Mir scheint es, als ob ich damals einfach die Luft angehalten und die Augen zugemacht hätte, so als ob ich es dadurch ungeschehen machen könnte. Nun öffnete ich mich für meine Trauer um sie, konnte um sie weinen und auch meinen Neid und meine Eifersucht sehen, die es mir damals unmöglich machten auf sie zuzugehen, obwohl ich ahnte, daß es ihr nicht gut ging. Ihr Tod zeigte mir, daß die Trauer keine Zeit kennt und ihren eigenen Zeitrhythmus hat und mir sehr deutlich meine eigenen Schattenseiten spiegelte.

Der Tod meines Mannes zog mich vom Leben weg. In meiner Sehnsucht nach ihm wäre ich ihm am liebsten nachgestorben. Geholfen hat mir damals der Satz von Bert Hellinger: „Du bist tot. Ich lebe noch ein bißchen und dann folge ich Dir". Ich darf ihm irgendwann folgen gab mir Kraft, noch einmal eine Lebensrunde einzulegen, an der ich jetzt, heute, neun Jahre nach seinem Tod, sehr viel Freude habe. Halt gaben mir damals auch Freundschaften. Für mich war es, als ob ich zwar meine große Liebe verloren, aber viele Freundschaften gewonnen hätte. Das war für mich neu, weil ich zuvor kaum Freundschaften gelebt hatte. Und ich fand viel Halt in der Arbeit, in der Leistung, im Wirken für andere. Das war damals für die erste Zeit für mich sicherlich sehr wichtig, aber irgendwann verselbständigte sich dieser Kreislauf von Arbeit, Bestätigung, Leistung, Erfolg. Mich selbst, die Daniela, gab es immer weniger, und ich glaube, wenn ich nicht in der Hospizarbeit gewesen wäre, also nicht immer auch herausgefordert gewesen wäre, mein Leben durch den Tod zu betrachten, ich wäre weiter den Weg des Erfolges und der Karriere gegangen. So aber spürte ich: „Nein, das ist nicht mehr das Leben, auf das ich im Tod zurückblicken möchte. Ich könnte zwar sagen, ich habe viel Wichtiges getan, aber die Frage, ob ich Daniela, ich selbst gewesen wäre, hätte ich mit Nein beantworten müssen, und ich spürte, daß mich all der Erfolg nicht wirklich erfüllte." Aber wie oder was möchte ich dann leben? Ich wußte es nicht, fühlte mich in einer großen Lebenskrise und begegnete dem Tod wieder auf eine andere Weise, indem ich immer häufiger an Suizid dachte, der Gedanke immer mehr Macht über mich bekam, mir in manchen Zeiten als einziger Ausweg erschien. Heute wo ich das aufschreibe, scheint mir dieser Gedanke sehr weit weg. Zum Glück, und ich bin sehr dankbar, daß ich in dieser Zeit Freunde und meine Therapeutin hatte, die mit mir an diesem Abgrund standen und mich festhielten.

Heute kann ich sagen, daß die Begegnungen mit dem Tod mich immer wieder ins Leben, in mein eigenes Leben hineingeschickt haben. Durch die Begleitung sterbender Menschen, durch meine eigene Begegnung mit dem Tod in seinen verschiedenen Formen ist mir das Leben wieder hell und lebenswert geworden. Jetzt beim Schreiben habe ich das Gefühl, daß ich in meinem Leben immer wieder zwischen Tod und Leben hin und her gewandert bin.

Schaue ich auf mein Leben zurück, so empfinde ich manchmal: „Oh, es war so unsagbar schwer. Es war zu sehr geprägt von Krankheit, Schmerz und Verlust", und zu anderen Zeiten: „Ich bin sehr gesegnet und begnadet in meinem Leben, daß mich all das Schwere nicht hat verbittern lassen, sondern ich immer wieder zur Liebe und zum Leben gefunden habe. Ich bin der göttlichen Kraft zutiefst dankbar für dieses Leben." Und die letzte Stimme höre ich immer häufiger in mir.

Von meinem Leben habe ich das Gefühl, daß ich es eher „andersherum" lebe wie andere: Es scheint mir, als ob ich zuerst durch Krankheit, Leiden und Tod gehen mußte, sehr, sehr alt war und jetzt immer jünger werde und zum Leben hingehe. Es erinnert mich an das Zitat von Erich Fromm:

„Die Geburt ist nicht ein augenblickliches Ereignis, sondern ein dauernder Vorgang.

Das Ziel des Lebens ist es, ganz geboren zu werden, und seine Tragödie, daß die meisten von uns sterben, bevor sie ganz geboren sind.

Zu leben bedeutet, jede Minute geboren zu werden."

Von daher stimmt auch dieses Buch jetzt zu dieser Zeit sehr für mich, stimmt mit meinem Weg überein: vom Tod zum Leben, Leben wollen, zur Lebensfreude.

Dieses Buch hätte nicht ohne die heilende Begegnung mit vielen Menschen geschrieben werden können, weil ich ohne sie nie die wäre, die ich heute bin. Es gäbe viele zu nennen, und ich wünsche mir, daß sich viele angesprochen fühlen, aber einigen Personen möchte ich meinen Dank aussprechen.

Der erste Dank geht an meine Mutter, durch die ich den Weg fand, mich mit dem Tod auseinanderzusetzen und darin Leben wachsen konnte.

Danken möchte ich meinem verstorbenen Mann: Auch wenn es mir schwer fällt es auszudrücken, weiß ich, daß ich ohne seinen Tod nicht zu diesem Selbstvertrauen und zu dieser Lebenskraft gekommen wäre.

Lis, ich möchte dir ganz innig danken. Du hast mir in Zeiten, in denen der Tod einen Sog auf mich hatte, durch deinen Lebenswillen immer wieder den Blick zum Leben hin ermöglicht, hast mich anfangs zum Leben verführt, bis ich selbst wieder diese Freude entdeckte. Du hast vieles in mir wachgeliebt und wachgelebt. Nicht nur das so leichte gemeinsame Schreiben der Bücher, auch in den gemeinsamen Seminaren, aber besonders auch immer wieder in der tiefen emotionalen Begegnung spüre ich, daß wir uns schon seit Urzeiten auf dem Weg begleiten.

Danken möchte ich meiner Therapeutin Marion Battke. Sie war mir wie eine Mutter. Ich habe die Therapie für mich wie einen Brutkasten für mein wahres Selbst erlebt: Vieles, was zu kurz gekommen war, durfte nachreifen, bekam Zeit, Nähe und Fürsorge.

Mein letzter Dank gilt Wolfgang Merz. Durch seine Person und seine Seminare habe ich gewagt, viele Grenzen zu überschreiten, meine Lebendigkeit zu leben, die Liebesweite und Lebensvielfalt auszuloten und mich zu weiten. Manche Übung in diesem Buch stammt aus seinem Training „Reifung und Wachstum".

Lis

Und so lang du das nicht hast,
Dieses: Stirb und werde!
Bist du nur ein trüber Gast
Auf der dunklen Erde.

Johann Wolfgang von Goethe

Mit etwa neunzehn Jahren fand ich diese oben zitierten Verse in dem Gedicht: Selige Sehnsucht. Heute verstehe ich das, was ich damals tief emotional erlebte: Ich fand Sinn und Annahme meines Lebens und Schicksals in diesen Zeilen. Mit einemmal war etwas reif in mir, das Schwere, an dem ich trug, anzunehmen, alle unterschwelligen Tendenzen, das Leben „so" nicht annehmen zu wollen, verschwanden. Ich war einverstanden! Ich kann nicht behaupten, daß ich damals die ganze Tiefe dieses Gedichtes verstand, geschweige denn, daß ich wußte, daß es in diesen Gedanken Goethes um eine Grundhaltung des Lebens geht, die es für mich ein Leben lang zu praktizieren galt und gilt. Heute weiß ich, daß ich sicherlich immer noch tiefer in die Fülle des Sinnes dieser Verse wachse.

In dem Kriegsjahr 1942 wurde ich in eine Zeit des Sterbens und Todes hineingeboren, die schon von Anfang an schmerzhafte Wunden in mir hinterließ. Meine leiblichen Eltern trafen sich durch den Krieg, verbanden sich miteinander, in einer Art, wie sie durch den Krieg bestimmt war und gingen unter dem Druck und der Not des Krieges wieder auseinander. Meine Mutter hatte mich in dieser Zeit innerer und äußerer Not empfangen, und aus ihrem Schicksalsgefüge heraus blieb ihr keine andere Möglichkeit, als mich kurz nach der Geburt zu verlassen und zur Adoption „frei zu geben". Sie kehrte wieder an ihren Heimatort zurück, um ihre vier anderen Kinder zu versorgen. Ich, als Neugeborene, war diesem Leben, dieser Zeit der Not und der Entbehrungen elternlos ausgesetzt. Ich war heimatlos, kam zu diesen und jenen Menschen und wurde dann mit viereinhalb Jahren von einem Ehepaar adoptiert, das in den letzten Tagen des Krieges seinen neunzehnjährigen Sohn bei einem sinnlosen Fliegerangriff auf Frankreich verloren hatte. Bis dahin hatte ich recht und schlecht überlebt. Ich hatte seelische Schäden und Verletzungen durch diese Zeit der Wirren und Mängel erlitten.

Dieser „gefallene Bruder" hatte sein Leben gelassen, und ich nahm nun seinen Platz ein. Heute kann ich sagen, daß ich ihm gegenüber große Liebe und Dankbarkeit spüre. Durch seinen Tod fand ich einen Platz zum Leben, einen Ort der Beheimatung, an dem ich erst einmal ausruhen und langsam genesen konnte.

In meiner gesamten Persönlichkeit kann ich wiederfinden, daß ich ein Kind mit einem unbändigen Lebenswillen und einer großen Anpassungsfähigkeit gewesen sein muß. Ich wollte unbedingt leben und mich entfalten.

Ich beschäftigte mich relativ früh mit dem, was ich unter dem Tod verstand, ich war neugierig, fasziniert und verstand, daß es das ganz

„Andere", das Unfaßbare, auch das Seltsame, Faszinierende und Grausame war. Vogeleier, die zerschellt am Boden lagen, tote Vögel und Mäuse und dieser seltsam unheimliche und doch auch faszinierende Ort, den sie Friedhof nannten, zogen mich magisch an. Ich beschäftigte mich mit dieser Realität des Todes, den äußeren Bildern, ohne über tatsächliche religiöse Vorstellungen zu verfügen. In meinem Elternhaus erhielt ich keine für mich befriedigenden Antworten auf mein Fragen, wo denn die Verstorbenen nun seien. Ich hatte das Gefühl, daß meine Eltern selber unsicher und unangenehm berührt waren und gab so das Fragen bald auf.

Ein anderes Bild, das mich nachhaltig ergriff, waren fremdartige „Kaleschen", die, von schwarzen Pferden gezogen, über den Fahrdamm, an dem wir wohnten, langsam dahinfuhren. An den Fenstern waren seltsame Symbole angebracht, und schwarze Quasten verzierten die Ecken des Wagens. Etwas Dunkles, ernst Feierliches ging von diesem Gefährt aus, von dem ich wußte, daß in seinem Inneren ein Sarg auf dem Weg zum Südfriedhof fuhr. Diese Leichenwagen hatten für mich etwas Märchenhaftes und Erschreckendes. Ich glaube, ich spürte schon damals etwas von einer unwiderruflichen Endgültigkeit eines solchen Zuges.

Meine erste tiefgreifende Begegnung mit dem Tod war der Tod meines Hamsters. Heute weiß ich, daß gerade dieser Hamster ein stummer Gefährte meiner kindlichen Einsamkeit war – dieses kleine, scheue Wesen, das mein Herz anrührte mit seinem angstvoll klopfenden Herzchen und seinem weichen Fell, das ich mit meinen Kinderhänden streichelte und das sich an den Lippen so zartweich anfühlte. Mein Vater hatte diesen geliebten Hamster aus Versehen in der Tür eingeklemmt, als ich in den Sommerferien war. Der tote Hamster wurde stillschweigend von einem munteren neuen Tierchen ersetzt, und man hoffte wohl, daß ich den Tausch nicht entdecken würde. Aber, ich sah und fühlte bei meiner Wiederkehr: Das war nicht mein Hamsterchen, mein Goldi, das war ein anderer, ein ausgetauschter ... Verwirrt, verunsichert, traurig, sicher auch wütend und enttäuscht drang ich so lange in meine Eltern, bis sie mir den Vorfall erzählten. Sie versuchten mich zu beschwichtigen, aber ich ließ mich nicht beruhigen, ich ließ mich nicht trösten. Ich nahm den neuen Hamster nicht wirklich an, ich verweigerte ihm meine Liebe, weil ich das Bedürfnis hatte, meinem Hamster treu bleiben zu wollen. Eines Morgens lag der „Neue" tot in seinem Käfig. Ich war erschreckt und entsetzt. Ich hatte ihn gefüttert und versorgt, aber ich hatte ihm meine Liebe verweigert, und nun fühlte ich mich schuldig an seinem Tod. Ich habe lange Zeit gebraucht, um diese erste Erfahrung von Liebe, Tod und Schuld zu verarbeiten.

Als ich siebzehneinhalb Jahre alt war, starb meine Adoptivmutter. Ich war in dieser Zeit gerade aus dem Hause nach Süddeutschland gegangen und wurde telefonisch benachrichtigt: „Komm sofort nach Hause", hatte es geheißen. Während der langen Fahrt wurde mir, glaube ich, auf eine unbekannte Weise „bewußt", daß meine Mutter im Sterben lag. Als ich in meinem damaligen Heimatort ankam, war sie bereits tot. Mir wurde mitgeteilt, daß sie einen Hirnschlag erlitten hatte und noch drei Tage bewußtlos in der „Eisernen Lunge" gelegen habe. Mir wurde schlagartig klar, daß man mich viel zu spät benachrichtigt hatte. Mein Vater wollte mir „das Furchtbare ersparen". Den zweiten Schlag erhielt ich bei der Nachricht, daß mein Adoptivvater seine Frau in diesen drei Tagen nicht besucht hatte ...

Ich habe viele Jahre gebraucht, um mich innerlich wieder mit ihm zu versöhnen. Ich hatte große Mühe mit dieser „Lieblosigkeit", und erst einige Jahre später, bei seinem Tod, konnte ich ihm ganz verzeihen, weil ich wahrnahm und verstand, daß ihm seine eigene Hilflosigkeit und Angst im Wege gestanden hatten. Der Tod meiner Adoptivmutter hat mich jahrelang beschäftigt, und ich habe die unterschiedlichsten Wege der Verarbeitung, mehr unbewußt als bewußt, gesucht. Lange hatte ich das Gefühl, man habe mich um ihren Tod betrogen, und ich hatte ablehnende und wütende Gefühle neben all der Trauer um sie.

In diesen Jahren hatte ich noch keinerlei Bilder und Vorstellungen von einem „Jenseits" oder einem „Leben nach dem Tod" in mir. Allerdings hatte ich eine Erfahrung gemacht, die mich mit einer Art Transzendenz in Berührung gebracht hatte. Als ich meine verstorbene Mutter in der Leichenhalle besuchte und ihr Gesicht, ihre Hände lange und intensiv in mich aufnahm, hatte ich das sichere Gefühl, daß „sie", dieses innerste Wesen, das ich gekannt hatte, nicht in dieser leblosen Hülle, in diesem Leichnam war. Ich hatte ein starkes Empfinden davon, daß „sie" diesen Körper verlassen hatte.

Nachdem ich in den folgenden Jahren noch eine mir tief verbundene Freundin durch den Tod verlor, war die Suche nach einer „geistigen Dimension" für mich ein lebensnotwendiges Tun. Mein

Schmerz und mein eigener stark verwundeter Wille zum Leben zwangen mir diese Suche, diese Suche nach *dem Unbedingten*, gleichsam auf. Ohne Antwort konnte und wollte ich nicht weiter leben. Vielleicht kann man es so bezeichnen, daß ich *auf einer höheren Ebene nach der Mutter* suchte, und diese Suche war der Beginn meiner spirituellen Reise, meines spirituellen Erwachens, meiner Sehnsucht nach einer tiefen Gottverbundenheit. Mein Leben hatte sich in ein enormes Spannungsfeld polarisiert: Da war auf der einen Seite meine große Liebe zum Leben, meine Leidenschaftlichkeit, meine Sehnsucht nach Fülle und Sinnlichkeit, mein Bedürfnis zu lieben und geliebt zu werden, und auf der anderen Seite hatte ich einen nie wieder rückgängig zu machenden Blick in die Abgründigkeit der menschlichen Existenz getan. Ich war mit dem Tod, der Grausamkeit, der Sinnlosigkeit, dem dunklen Abgrund der Vernichtung, mit Angst und Wut, Haß und Schuld in Berührung gekommen. Dieser Zwiespalt, diese Verwundung schrie nach Heilung. Sie mußte heilen, wenn ich leben wollte.

So unbedingt wie diese Suche nach Antworten war, so unbedingt war in mir die Forderung, Antworten zu finden, die ich als echt, tief und wahrhaftig in einem emotional-seelischen Sinne erleben konnte. Zuspruch, Tröstung im Sinne einer Beschwichtigung konnten mich nicht erreichen. Alles, was Bestand haben sollte, mußte für mich nachvollziehbar und erlebbar sein. Der Maßstab für Annahme und Ablehnung konnte nur im Zentrum meiner eigenen verwundeten Seele liegen.

Dieser Weg der Suche nach tragenden Antworten brachte mich dann viel später auch in die Sterbebegleitung. Auf der einen Seite war da sicher das aufrichtige Bedürfnis zu helfen und auch das Bedürfnis, an einer Veränderung im Umgang mit Sterben und Tod mitzuwirken. Andererseits war da aber auch der ganz egoistische Beweggrund, immer wieder am Sterben anderer Menschen teilnehmen zu dürfen, um auch für mich selber immer tiefergehende Antworten auf die Fragen nach Leben, Sterben und Tod zu erhalten.

Wenn ich heute zurückschaue, kann ich auf lebendige, erfüllte, reiche Jahre zurückblicken. Ich habe viele, bewegende Erfahrungen machen dürfen, und für die Mehrzahl meiner Fragen habe ich auf dieser langen Reise Antworten erhalten. Bei denen, „die noch offen bleiben", habe ich das Gefühl, bis zu meinem eigenen Tod warten zu müssen. Ich schaue zurück auf eine lange, erfüllende Freundschaft und Zusammenarbeit mit Daniela, die uns wohl gleichermaßen reiche Früchte eingebracht hat. In der Nähe des Todes haben wir uns immer wieder dankbar und zutiefst lebendig empfunden. Wir hatten das Gefühl, in diesem großen Spannungsfeld Leben/Tod zu wachsen und erlebten das Glück dieses Wachsens. Ich erinnere mich besonders an die Stunde, in der wir gemeinsam das Krematorium der Stadt besichtigten und an einer Verbrennung teilnahmen. Als sei es erst gestern gewesen, fühle ich, wie wir nahe beieinander standen, um diese starken und bewegenden Bilder in uns aufzunehmen und erinnere sehr lebendig, wie wir beide in denselben Augenblicken eine große, intensive Dankbarkeit für unser Leben und unser Miteinandersein erlebten.

Die Auseinandersetzung mit Sterben und Tod hat uns allerdings zu zwei ganz unterschiedlichen Orten der Lebensbefindlichkeit gebracht. Du, Daniela, hast dich durch die Auseinandersetzung mit Sterben und Tod, wie ich es nennen möchte, noch einmal zum Leben hinausgeboren, so als habe gleichsam eine zweite Geburt stattgefunden. Es ist eine Geburt deines ganzen Ja's zum Leben, zur Liebe und Selbstentfaltung. Du hast auf diesem manchmal schmerzhaften und mühsamen Weg die Kraft zu deiner Individuation gefunden, die Kraft der Selbstannahme deiner Person, deines Wesens und Schicksals.

Ich habe die Kraft gefunden, meinen Blick langsam vom Leben lösen zu können und beginne mich einzuschwingen auf das, was wir das „abschiedliche Leben" nennen. Auch das ist wunderbares, kostbares Leben, aber es findet statt in einem Bewußtsein, das sich „runden" möchte, Fazit ziehen möchte, das Übriggebliebene vollenden möchte und sich mehr und mehr auf einen Übergang vorbereitet. Ob das in einigen Jahren oder Jahrzehnten sein wird, ist vielleicht nicht mehr ganz so wichtig. Ich kann heute fühlen, daß ich ein reiches und erfülltes Leben gelebt habe, dem ich so ganz und gar mein Ja schenken kann, alles war gut, gerade so, wie es war. Die mir verbleibenden Jahre möchte ich nun mehr und mehr dazu nutzen, meine inneren Wurzeln vorantreiben zu lassen in diesen Grund, diesen „Ewigkeitsgrund", aus dem wir kommen und dem wir alle entgegenwandern.

Mein tiefer und großer Dank soll an erster Stelle dieser transzendenten Dimension gelten, die mich so heil und sicher durch die Zeiten der Hölle, der Gefahren, der Irrungen und Wirrungen geführt hat. Ich bin bewegt und dankbar, wie heilsam sich all das Dunkle verwandeln konnte.

Wie in einem Kaleidoskop kann ich viele, viele Menschen sehen, die zu diesem „Werk" beigetragen haben. Es waren Menschen, die an mich glaubten und mir, jeder auf seine Weise, halfen, die zu werden, von der ich spüre, daß ich sie bin. An und mit dir, Daniela, konnte sich vieles ordnen, bewußt werden, runden und vollenden. Ich habe immer wieder erlebt, daß das, was ich bin und was ich gelebt habe, bei dir in eine liebende Annahme einmündete.

So wie mein Dank mit der transzendierten Dimension begann, möchte ich vielen spirituellen Meistern und Lehrern zum Schluß danken. An ihnen erlebte ich die letzte Aufhebung meiner Einsamkeit und höchste Erfüllung.

Teil 1

Augenblicke der Ewigkeit

1 IM JETZT LEBEN
Von der Zeit

Es gibt ein großes und doch ganz
ganz alltägliches Geheimnis.
Denn Zeit ist Leben.
Und das Leben wohnt im Herzen.

Michael Ende, in: Momo

Vielen Menschen begegnet die Auseinandersetzung mit dem Thema
Zeit, wenn sie sich mit Sterben und Tod konfrontieren müssen. Sie
spüren dann, wie wesentlich die Zeit unsere menschliche Existenz
bestimmt. Immer wieder haben wir staunend erfahren: Im Umkreis
des Sterbens verändert sich das Empfinden von Zeit. Mit einer
schweren Erkrankung, mit der Information darüber, daß ich nicht
mehr lange zu leben habe, verändert sich die Zeit, das Verhältnis zur
Zeit ganz wesentlich.
- Es ist mir nun bewußt, daß meine Zeit begrenzt ist.
- Zukunftspläne verändern sich, heben sich auf.
- Das Verlagern des Lebens auf ein Morgen wird unrealistisch. „Was
  weiß ich, wie es mir morgen geht?"
- Die vergangene Zeit wird aus einer anderen Perspektive betrachtet.
- Das Zeiterleben der Gegenwart verändert sich durch das Wissen
  um die Begrenzung.
- Zukunft wird unter Umständen etwas, das die anderen haben, z. B.
  der Baum oder der Partner.
- Die Frage nach der Zeit steht von nun ab im Zusammenhang mit
  ihrem Ende und den damit verbundenen Fragen nach der Ewigkeit
  oder der Zeitlosigkeit.

Eine Patientin antwortete auf die Frage, ob ihr die Zeit nicht zu lang
würde:
„Wissen Sie, endlich habe ich in meinem Leben einmal Zeit. Ich
habe das Gefühl, noch nie so viel Zeit für mich gehabt zu haben wie
jetzt."

Zwei Begriffe aus dem Bereich der Zeitbetrachtung können uns die
ganz unterschiedlichen Dimensionen des Phänomens Zeit klären.

Da gibt es einmal den Begriff des *Chronos*. Von diesem Wort leiten sich verschiedene Benennungen her, die sich auf das exakte Messen der Zeit beziehen. Da ist das Chronometer, ein Apparat, der Zeit mißt; dann kennen wir die Begriffe chronologisch und auch chronisch. All diese Worte beziehen sich auf das messende, logische, geordnete Behandeln von Zeit.

Diese Art der Zeitmessung setzt uns oft unter Druck, veranlaßt uns dazu zu hetzen und durchs Leben, durchs Erleben zu eilen und es nur oberflächlich wahrzunehmen. Es gibt viele, viele Menschen, die fast ausschließlich nach dem Diktat dieser *chrono-logischen Zeit* leben und manchmal ganz unbestimmt empfinden, daß etwas mit ihrem Leben nicht in Ordnung ist, daß sie eigentlich gar nicht richtig leben. Sie haben dann ein schales, leeres, unbefriedigendes Gefühl dem Leben gegenüber und gehen oft in eine stille Resignation oder benutzen einen anderen Fluchtweg aus der Öde und Leere, wie zum Beispiel irgendeine Form der Sucht.

Die Griechen kannten den Begriff des *Kairos*, den Namen eines Gottes, der den „günstigen Augenblick" oder „die rechte Stunde" schenken konnte. In der frühchristlichen Philosophie sprach man vom *Kairos* als der „Fülle der Zeiten".

Meister Eckhart schreibt: *„Wo es die Zeit nicht mehr gibt, da ist die ‚Erfüllung' der Zeit. Dann ist der Tag voll, wenn vom Tag nichts mehr übrig ist. Soviel ist sicher, alle Zeit muß fort sein, wo diese Geburt (Gottes in der Seele) anheben soll!"* (lit.: Franz, Marie-Louise. Zeit. Strömen und Stille, Insel Verlag, Frankfurt, 1981)

Wir möchten Sie an einigen Erlebnissen teilnehmen lassen, die zeigen, wie dieser anderer Aspekt der Zeit erlebt wird:

„Als ich dich damals das erste Mal sah, hatte ich das Gefühl, die Zeit bliebe stehen, und ich erlebte etwas, das über alle Beschreibbarkeit hinausgeht. Es war mir, als würde ich dich schon immer kennen, und in diesem Moment hatte ich das Gefühl, dich durch und durch zu kennen. All das dauerte nur einen kurzen Augenblick, der mir aber weit und zeitlos vorkam und mich mit einem stillen Glück und einer Art Gewißheit erfüllte."

„Vor etwa fünfzehn Jahren hatte ich eine äußerst schmerzhafte Nervenentzündung. Die Medikamente milderten den Schmerz nur für kurze Zeit. Die krampfartigen Schmerzen kamen in Intervallen von

etwa zehn Minuten immer wieder. Wenn ich heute daran zurück-
denke, weiß ich, daß sich mein Zeitempfinden während dieser Er-
krankung drastisch veränderte. Die Gegenwart damals kam mir sehr
intensiv und lang andauernd vor. Die Zeiteinheit, in der der
Schmerz da war, war von einer ‚dunklen, weiträumigen Dauer'. Die
Zwischenzeiten der Schmerzlosigkeit erschienen mir ‚kostbar, inten-
siv, lang und stark'."

In den Berichten begegnen wir einer Zeitqualität, die sich an der normalen Uhrenzeit nicht messen läßt. Es ist das Zeitempfinden, das
von einer besonderen Lebens- oder *Seinsqualität* erfüllt ist und die
in uns deshalb auch ein Gefühl von tief erlebter und erfüllter Zeit
hinterläßt. Zeit ist eine relative Größe. Wir können in einem Augenblick mehr erleben als während eines ganzen Lebens. Gorch Fock
sagt: „Wir können das Leben nicht verlängern, nur vertiefen." Den
Augenblick ohne Vorstellung, ohne analysierenden Verstand genießen, heißt eigentlich, für Momente Ewigkeit zu erfahren.

Vielleicht mögen Sie beim Lesen dieses Textes für einen Moment
innehalten und sich folgenden Fragen an ihr Leben zuwenden:
– Kann ich mich an Lebenssituationen, Lebensperioden oder auch
  an kurze Momente meines Lebens erinnern, von denen ich
  fühle und weiß, daß sie sich von meinem sonstigen „Alltagsle-
  ben" durch eine andere Wahrnehmung der Zeit herausheben?
– Welche Gefühle hatte ich?
– Wodurch kam es zu diesem ganz anderen Erleben der Zeit?
– Haben die gefundenen Beispiele und Situationen meines Lebens
  Gemeinsamkeiten?
– Wie oft erlebe ich in meinem gegenwärtigen Leben diese andere
  Zeitqualität? Kann/will ich sie öfters erleben? Was kann ich
  dafür tun?

Die Zeit, die am Ende des Lebens als wesentlich und erfüllt dasteht,
ist nur die, die wir intensiv erlebt haben. Viele Zeitperioden, die eher
mechanisch wiederholend dahingingen, schrumpfen zusammen,
sind nicht mehr erinnerbar und versinken damit in die Nichtexi-
stenz. Was zählt, was bleibt, sind die bewußt,gegenwärtig gelebten
und erlebten Augenblicke des Lebens. Wenn wir uns fragen, wie viel

Zeit des Lebens wir wirklich gelebt haben, wird uns das möglicherweise tief erschüttern.

Vom Sein in der Gegenwart

Wir wollen uns nun der Frage nach dem Sein und dem Leben in der Gegenwart zuwenden.

In der Regel leben wir mit unseren Gedanken, mit unserem Bewußtsein mehr in der Zukunft oder der Vergangenheit als in der Gegenwart. In welche Richtung wir mehr tendieren, hängt von der Gesamtheit unserer Persönlichkeit ab.

Ängste, übermäßige Anpassung und viele Strategien der Lebensbewältigung haben in uns weitgehend die Verhaltensweise, die Angewohnheit oder das Muster der *Nichtgegenwärtigkeit* geformt.

Unser Denken ist meistens angefüllt mit: ich werde ..., ich sollte ..., ich müßte ..., ich will ..., ich möchte ..., nachher, in einer Stunde, heute nachmittag, morgen, am Sonntag, im Urlaub ... usw.

So erzählt eine Freundin: *"Ich freue mich immer so auf den Urlaub, aber wenn er dann da ist, kann ich ihn oft gar nicht wirklich genießen. Die Vorfreude ist viel größer als wie ich mich dann einlassen kann. Meistens drücken dann schon die Aufgaben, die mich hinterher erwarten."*

Oder, wenn das Denken rückwärts gerichtet ist, beschäftigt es sich mit: wie war das noch ..., was habe ich gesagt, getan ..., was hat er oder sie gesagt ..., warum habe ich das und das getan ..., was wird es wohl für Folgen haben, daß ich das und das tat, was wird der Soundso wohl über mich denken, weil ich das und das tat oder sagte ... usw.

Wir kennen diese endlosen Litaneien kontrollierenden Denkens alle nur zu sehr.

Das Leben in der Gegenwart ist für uns eher fremd. Wir kennen es von besonderen Augenblicken, bei tief konzentrierter Arbeit, im Spiel, bei musischen Tätigkeiten, in Momenten besonderen Glücks, in tiefem Schmerz oder Unglück, aus der Versenkung, Meditation und dem Gebet.

Leider ist das Erleben in der Gegenwart für uns eher die Ausnahme, die Besonderheit unseres Lebens. Leider, vor allem auch deshalb, weil dieses Leben im Gegenwärtigen von einer ganz besonderen und erfüllenden Qualität ist. Es ist die Lebensqualität, an die wir uns, manchmal über Jahre hinweg, sehnsuchtsvoll erinnern. In den Erinnerungen erleben wir nicht selten etwas von dieser besonderen Lebendigkeit, diesem Glanz und dem Strahlen, das das Grau der Stunden und Tage, ja manchmal von Jahren der zerstreuten alltäglichen „Unaufmersamkeit" weithin überstrahlt. Die Wahrnehmung der Gegenwart ist unmittelbar, sinnlich, konkret und bildhaft. Sie ist, wenn wir uns einlassen können, tief erlebte und erfüllte Zeit. Sind wir in der Gegenwart, dann gibt es keinen Platz für Gedanken – es gibt nur das Spüren und Sein im Jetzt. Wenn ich arbeite, arbeite ich, wenn ich lache, lache ich, wenn ich weine, weine ich.

Hier noch einmal einige Beispiele, die Ihnen vielleicht helfen können, auch ihre eigenen Erlebnisse leichter wiederzufinden:
– *Damals, bei dem Gewitter in den Bergen, das war ein ganz überwältigendes Erlebnis, als die Blitze ringsum am Himmel zuckten. Ich hatte das Gefühl, wenn ich jetzt stürbe, wäre das ganz in Ordnung.*

– *Als ich mein zweites Kind bekam, es war ja eine sehr schmerzhafte Geburt, und dennoch – ich habe alles in einer wunderbaren Klarheit verfolgt, und alles war einfach gut, so wie es war. Es waren die schönsten Augenblicke meines bisherigen Lebens, obgleich es so schmerzhaft war.*

– *Als ich neulich mit meiner Freundin zusammen war, ich meine, als wir zusammen schliefen, da hatte ich das Gefühl, als sei das etwas ganz Besonderes gewesen, ganz anders als wir es schon kannten. Irgendwie schien die Zeit stillzustehen, und es war, als sei alle Trennung zwischen uns aufgehoben. Wir haben dann später miteinander gesprochen, und auch sie hatte es so erlebt.*

Das Erleben in der *Präsenz* könnte man auch ein Erleben *jenseits der Zeit* nennen. Es scheint, als würde sich im Innersten des Gegenwärtigen die Zeit aufheben.

Wir haben in solchen Momenten eine Ahnung von der Unsterblichkeit, sind aufgehoben in der Welt und im Leben. Ein Musiker beschreibt eine Erfahrung: *"Wenn ich mich dem Spiel ganz hingeben kann, ganz erfüllt bin von dem, was ist, ohne Widerstand ganz JA sa-*

gen kann, so habe ich in diesen Momenten immer das Gefühl: Ich könnte jetzt in diesem Moment sterben. Es macht dann gar keinen Unterschied. Leben und Sterben sind dann eins. Ich glaube, in solchen Augenblicken würde ich mit einem Lächeln sterben."

Vielleicht haben Sie Lust, für fünf Minuten das Buch zur Seite zu legen und eine einfache Übung zu machen, die sie mit diesem Leben in der Gegenwart in Berührung bringt.

Sie können die folgende Übung mit einer Kerze, einer Blume, einem Stein, einer Muschel oder einem anderen Objekt, das Sie anspricht, machen.

Bevor Sie sich zur Übung hinsetzen, kann es hilfreich sein, einen Wecker auf fünf oder zehn Minuten zu stellen oder jemanden zu bitten, Ihnen nach diesem Zeitraum Bescheid zu sagen. Eine solche Hilfe ermöglicht es Ihnen, ihr kontrollierendes Zeitempfinden loszulassen. Es sollte allerdings für diese kurze Zeit Stille um Sie herum sein.

Stellen oder legen Sie den gewählten Gegenstand entweder vor sich hin oder nehmen Sie ihn in die Hand. Setzen Sie sich bequem hin und atmen sie einige Male tief ein und aus. Betrachten Sie nun den Gegenstand, zum Beispiel die Flamme einer Kerze, mit wachem Interesse, aufmerksam und erforschend. Ihr Blick sollte *weich*, liebevoll, das Objekt umschmeichelnd sein und nicht distanziert, analytisch erforschend. Bleiben Sie so lange in Ihrem Betrachten, wie Sie sich für diese Übung entschieden hatten. Immer wenn Ihr Blick oder auch Ihre Gedanken abschweifen, holen Sie sich auf eine liebevolle Weise zum Gegenstand Ihrer Betrachtung zurück. Tadeln Sie sich nicht, wenn Ihnen die Übung das erste Mal nicht so gelingt, wie Sie es sich gewünscht hätten.

Wenn die Zeit um ist, schließen Sie noch für einen Moment die Augen und machen Sie sich bewußt, wie die vergangene Zeit und dieses Erleben für Sie war. Es tut gut, eine solche Übung immer wieder einmal zu machen und festzustellen: sie ist nie gleich, ich erlebe mich selbst bei jedem Mal anders. Vielleicht wird Ihnen einmal die Erfahrung zuteil, daß Sie ein tiefes Erleben von Liebe, Ganzheit und Schönheit dabei haben.

Die großen Hindernisse, ins Erleben der Gegenwart zu kommen, sind Angst, Furcht, Perfektionismus und ein zu starkes Kontrollbedürfnis. Da, wo wir das Geschehen, den Lauf der Dinge und Ereignisse *im Griff haben wollen*, kontrollieren und manipulieren möchten, sind wir fern von dieser Erlebensmöglichkeit. In der Umkehrung heißt das: Da, wo wir es lernen *loszulassen, nicht anhaften, uns hingeben und anvertrauen, da, wo wir nichts mehr wollen und wünschen, wo wir es schaffen, dem Diktat des Egos, des kleinen angstbesetzten Ichs nicht mehr zu folgen, beginnen wir im Sein der Gegenwart zu leben.*

Das aber bedeutet, immer und immer wieder uns darin zu üben, den *Ego-Tod* zu sterben, so daß unser wahrer Wesenskern im gegenwärtigen Sein leben und erleben darf.

Eine Erfahrung „nicht erfüllter Zeit", z.B. durch Krankheit, kann eine Krise unseres Selbstwertes mit sich bringen, die gar nicht so leicht zu meistern ist. Wir fühlen uns nun als *Nichts,* als ein unbedeutendes Fünkchen. Das können wir bei schwerwiegenden Erkrankungen erleben, in Situationen, die uns aus unseren sozialen Zusammenhängen und Aufgaben herausreißen und eben auch in der Zeit *des Sterbens,* wenn sie bewußt erlebt wird. In dem dann entstehenden *Leer-Raum* erleben wir häufig depressive Gefühle oder entweder eine diffuse Furcht oder eine konkrete, beklemmende Angst.

Es scheint uns schwierig, diese *Leere,* dieses *Nichts* oder *Nicht-Etwas* auszuhalten, weil wir in der Tiefe dieser Leere uns selbst in einer uns wenig bekannten Dimension begegnen.

Da kann es sein, daß wir mit großer Dringlichkeit die Frage an uns selbst stellen:
– Wer bin ich?
– Wer bin ich in Wahrheit?
– Wer bleibt, wenn ich sterbe?

In allem Schmerz, aller Bedrückung, die diese Fragen in belasteten Situationen bereiten können, kann es dann aber auch zu einer tiefen Erfahrung kommen:
– Das bin ich.
– Ich bin das.
– Ich bin.

Es ist das Erlebnis, *daß wir sind,* jenseits aller uns sonst ausmachenden Attribute. Wir erfahren aber auch, daß wir eben nur so zu der Erfahrung der *Alleinheit, der Allgegenwärtigkeit, des ewigen Seins* kommen können.

Ich erlebe mich dann, in einer gewissen Weise, wie ein Neugeborenes, ohne die *Ausstaffierungen meiner Persona.* Name, Rang, Geschlecht, Status und Ego-Bedeutsamkeit fallen von uns ab; unseren Wert und unsere Bedeutung erfahren wir in dieser Dimension in diesem alles transzendierenden *ICH- BIN, in einem zeitlosen Sein.*

Wenn wir es gewagt haben, die scheinbare Bedrohung durch die *Nichtbedeutsamkeit* auszuhalten, wenn wir es zulassen konnten, diesen *Ego-Tod* zu erleben, eröffnet sich uns eine vielleicht zuvor nie gekannte Dimension, in der wir *Autonomie, Frieden, Sinn und Glück* erleben. Meister Eckhart drückt dies so aus: „Der innere Mensch befindet sich weder in Zeit noch Raum, sondern schlicht und einfach in der Ewigkeit."

Erinnern wir uns später an solcherart Erlebnisse, wissen wir, daß wir an einer *zeitlosen* Dimension teilhaben durften, einer Dimension jenseits aller Angst und Verzweiflung.

Diese Erfahrungen können uns ermutigen, dem Strom der Zeit, dem Strom des Geschehens viel mehr zu vertrauen. Das bedeutet jedoch, daß wir manchmal unsere Pläne und Vorstellungen aufgeben und mehr unserem inneren Gefühl vertrauen sollten. Wir können dann erfahren, daß wir im Leben „geführt" werden, zum richtigen Zeitpunkt das Richtige erleben. Das kann sich in kleinem alltäglichem Erleben ereignen und uns tief berühren, z.B. daß wir gerade an jemanden denken und die Person dann anruft oder wir ihr auf der Straße begegnen, aber auch bei bedeutsamen Ereignissen.

„Neulich mußte ich beim Arzt sehr lange warten. Es war schon 18.20 Uhr und um 18.00 Uhr hatte ich mich mit einer Freundin im Café verabredet. Ich bin dann weggegangen, obwohl ich gleich drangekommen wäre. Ich dachte noch: Mensch, bist du blöd, jetzt hast du über eine Stunde umsonst gewartet. Aber ich war zu unruhig. Als ich zum Café kam, war meine Freundin gerade am Gehen. Ich bin froh, daß ich so meinem Gefühl vertraut habe, denn das Treffen war für uns beide sehr wichtig."

Dies schildert eine kleine alltägliche Situation. Aber vielleicht kennen Sie das Erleben auch bei wichtigen Geschehnissen, daß Sie darüber staunen, daß Sie gerade zum richtigen Zeitpunkt am richtigen Ort waren, vielleicht so einem Unglück entgangen sind, „zufällig" einen Freund trafen, als es ihnen schlecht ging, oder daß Sie Ihre Partnerin kennenlernten. Nehmen wir die kleinen und großen Begebenheiten bewußter und wacher wahr, so kann uns das helfen zu vertrauen, zu vertrauen, daß alles zur richtigen Zeit passiert.

Um der spirituellen Qualität der Zeit noch tiefer zu begegnen, bitten wir Sie, sich auf folgende Fragen einzulassen und sich zu erforschen. Wie reagieren Sie gedanklich, intellektuell auf folgende Sätze und wie geht es Ihnen dabei?
– Ich habe keine Zeit mehr!
– Die Zeit reicht nicht mehr!
– Es ist zu spät!
– Deine Zeit ist abgelaufen!

Und wie geht es Ihnen, wenn Sie hören:
– Du hast alle Zeit, die du brauchst!
– Laß dir Zeit!
– Du wirst immer eine Dimension haben, die es dir ermöglicht, zu sein und an der Schöpfung teilzunehmen!
– Eine liebende Instanz schenkt dir ewiges Sein.

Wenn Sie sich diesen Fragen erlebend öffnen, können Sie erfahren, daß sich Ihre Seele bei dem ersten Fragenkomplex wahrscheinlich ängstlich zusammenzieht, und in dem zweiten Fragenbereich haben Sie das Empfinden: Alles in mir löst sich, weitet sich, wird leicht und frei, eine tiefe Anspannung löst sich.

Wie könnte sich unser Leben verändern, wenn wir in einer beständigen Gewißheit lebten, daß uns eine Ewigkeit zur Verfügung steht.

Welche Wege gibt es, Zeit so zu leben, daß wir subjektiv das Gefühl haben: Ja, ich lebe in der Fülle der Zeit, ich nutze meine Zeit, so wie es für mich richtig ist.
Ist es illusionär, wenn wir behaupten, daß wir selber bewußt etwas dazu tun können, daß sich unser Zeiterleben oder das Erleben in be-

zug auf die Zeit intensiviert und bereichert? Für viele von uns wird es vielleicht nur wenige oder unbedeutend erscheinende Möglichkeiten geben, und dennoch wird jeder, der sich auf solche wenn auch nur kleine Veränderungen einläßt, eine positive Erweiterung seines Lebensgefühls erleben.

In Rilkes Schriften gibt es eine bemerkenswerte Sprachwendung. Er spricht davon, *„auf die Zeit zu verzichten".* Er meint damit eine Zurücknahme ins Stille, Betrachtende, Reflektierende und Wahrnehmende.

Vielleicht ahnen Sie, daß die *bewußte Wahrnehmung* der Schlüssel zu einem vertieften Erleben ist. Ich kann eine ganze Mahlzeit essen, ohne diesen Vorgang bewußt wahrgenommen zu haben. Und ich kann fünf Minuten auf einer Parkbank erleben, die mir ein fülliges Zeitgefühl hinterläßt. Vielleicht beobachte ich das Trippeln der Tauben über den hellen Kies vor meinen Füßen, oder ich spüre die zarte Wärme des schräg durch das Blattwerk fallenden Sonnenlichts auf meinem Gesicht.

Um Zeit als Präsenz zu erleben, muß ich mir meiner selbst bewußt sein, meiner selbst im Kontext zu dem, was ich gerade erlebe, seien es Gedanken, Gefühle oder Sinneswahrnehmungen. Wenn ich mich ihnen ganz hingebe und gleichzeitig noch um meine betrachtende, erlebende Rolle weiß, erlebe ich Zeit, erfüllte lebendige Zeit.

Oft ist es hilfreich, mich für eine bestimmte Zeit in meiner Wahrnehmung zu begrenzen. Das heißt, mein wahrnehmendes Erleben zu konzentrieren und von der Vielfalt des Hin und Her, des Dies-noch und Das-noch zu befreien. In der asketischen Reduktion auf das *Eine, das, was gerade ist,* erlebe ich *Fülle, Tiefe und Schönheit.* Rousseau drückt dies so aus: *„Nicht der Mensch hat am meisten gelebt, welcher die höchsten Jahre zählt, sondern derjenige, welcher sein Leben am meisten empfunden hat."*

Es müssen keine großen, wichtigen Ereignisse oder Erlebnisse sein, nichts Herausragendes, in dem wir die Transzendierung der Zeit erfahren. Zeit kann sich einfach als Seligkeit erfüllen, während ich Salatblätter wasche oder einen Brief lese.

Ganz da sein heißt, ganz in der Zeit sein und paradoxerweise schon „über" der Zeit sein. Wenn wir es dann auch noch lernen und üben, in nicht so angenehmen, leidvollen Erfahrungen des Zeiterlebens intensiv anwesend zu sein, können wir erfahren, daß selbst im

Innersten einer als „negativ" erlebten Zeit ein *leuchtender Kern der Zeitlosigkeit existiert.*

Der Mensch, der macht die Zeit
Du selber machst die Zeit: das Uhrwerk sind die Sinnen,
Hemmst du die Unruh nur, so ist die Zeit von hinnen.

Angelus Silesius

IMPULSE

Wenn Sie das vorausgegangene Thema im Erleben für sich selbst vertiefen möchten, bieten wir Ihnen folgende Impulse zur eigenen Auseinandersetzung an:

1. Der Beobachter
Vielleicht haben Sie zuerst einmal Lust, an einer kleineren Übung des Hinterfragens teilzunehmen:
Gehen Sie zusammen mit dem Buch, in dem Sie gerade lesen, ins Badezimmer, ohne die Seite zuzuschlagen. Stellen Sie sich vor Ihr Spiegelbild und sagen Sie zu sich:
Ich bin nun der Beobachter.
Hat sich dieser Mensch, den ich da sehe,
durch die Zeit verändert?
Vielleicht ist es Ihnen möglich zu verstehen, daß Sie sich nur als verändert wahrnehmen, wenn ihr Erinnern und Vergleichen stattfindet.
Wenn wir uns nicht erinnern, nehmen wir uns außerhalb der Zeit wahr.

2. Was wäre mit dem Problem, wenn es keine Zeit gäbe?
Möchten Sie noch eine kleine weitere Reflektionsübung machen? Fragen Sie sich:
Was wäre mit diesem Problem,
(es fällt Ihnen sicher nicht schwer, sich an eines zu erinnern)
wenn es keine Zeit gäbe?

Können Sie wahrnehmen, daß es, wenn es keine Zeit gäbe, Probleme nicht existieren könnten?

Möchten Sie für sich daraus irgendeinen praktischen Schluß ziehen?

Schreiben Sie ihn auf:

_____

_____

_____

_____

3. Nun kommen wir zu einer **meditativen Übung,** in der Sie ein verändertes Zeiterleben haben können.

Wählen Sie einen Zeitraum, in dem Sie ungestört sein werden. Die Übung kann zwischen 5,10 bis zu 60 Minuten gemacht werden. Wenn Sie wollen, können Sie sich eine Tee- oder Eieruhr für die gewählte Länge der Übung stellen. Das ermöglicht Ihnen, besser die Zeit zu vergessen.

Setzen Sie sich möglichst aufrecht auf einen bequemen Stuhl. Bitte stellen Sie vor sich eine frische Kerze auf ein Tisch. Sie werden zu Beginn ihrer Meditationsübung die Kerze anzünden. Setzen Sie sich nun so vor die Kerze, daß Sie sie mühelos betrachten können. Betrachten Sie für eine Weile die Kerze erst einmal im Ganzen: Welche Farbe, Form, Größe hat sie, wie sieht der Docht aus, das geschmolzene Wachs usw. Lösen Sie sich nach einiger Zeit immer mehr von dem objektiven, unterscheidenden Betrachten. Wenn Ihnen die Kerze in ihrer Gesamtheit vertraut ist, wenden Sie sich nur noch dem Betrachten der Flamme zu. Versuchen Sie, ihren Blick nicht fixiert oder starr sein zu lassen, sondern weich der Flamme zugewendet.

Bleiben Sie nun in dieser entspannten Beobachtung, bis Ihre Zeit um ist.

Verabschieden Sie sich am Ende der Meditation von der Kerze. Vollziehen Sie auch diesen Akt voller Liebe und Bewußtheit.
Wie war Ihr Zeitempfinden?

Lang/Kurz?

Wie war die Zeitqualität? Wovon war sie erfüllt?

Haben Sie vielleicht wahrnehmen können, daß es „Zeiten" gab, in denen Sie so sehr eins waren mit sich selbst, dem Betrachten und der Kerze, daß Sie sich in einem Raum der Zeitlosigkeit befanden? Welche Qualität hatte diese Zeitlosigkeit?

4. „Wie will ich *jetzt* leben, wenn das meine letzte Minute wäre?"

Stellen Sie sich vielleicht am Morgen und auch zwischendurch am Tag immer mal wieder die Frage:

„Wenn dies heute mein letzter Tag wäre, ich aber nichts davon wüßte, also nicht einfach alle Freunde zusammenrufen könnte, sondern den normalen Alltag leben müßte, wie würde ich mir dann wünschen, daß ich auf diesen Tag, auf diesen Moment zurückblickte? Welche Erinnerungen möchte ich an diesen Tag, an diesen Moment haben?

Ein indianischer Weiser, Crazy Horse, bemerkte dazu einmal: „Heute ist ein guter Tag zum Sterben, denn alle Dinge meines Lebens sind gegenwärtig."

Wie will ich gelebt haben, wenn das meine letzte Minute wäre –
ein Erfahrungsbericht

„An der Wand über meinem Bett hängt seit gestern ein großes Blatt: ,Wenn das der letzte Tag meines Lebens wäre, wie möchte ich ihn dann gelebt haben?' Ich will mich in den nächsten Tagen und Wochen immer wieder dieser Frage stellen, will, daß sie mich begleitet. Mein erster Impuls am Morgen ist: ,Ja, es ist o. k., wenn der Tod am Abend kommt, weil ich am Nachmittag eine wichtige und schöne Verabredung habe. Die möchte ich gerne noch erleben.' Aber ich weiß ja nicht, ob der Tod nicht schon am Vormittag kommt. Es ist das alte Wenn-Dann-Denken, bei dem ich mich ertappe. Der Gedanke an den möglichen Tod wird zunächst sehr mächtig und einengend. Eigentlich wollte ich morgens in den Wald joggen gehen, aber dann dachte ich: ,Wenn der Tod heute kommt, könnte er beim Joggen im Wald durch einen Überfall kommen. Am besten ich bleibe zu Hause und gehe nicht laufen.' Aber zum Glück kann ich mich dann wieder zurückholen und denke: ,Wenn der Tod kommen

soll, wird er auch zu Hause kommen. Wenn es dir bestimmt ist zu sterben, kannst du ihn nicht durch so etwas austricksen.' Ich gehe weiter der Frage nach: ,Wenn ich jetzt sterben würde, wie möchte ich denn den **jetzigen** Moment erlebt haben?' Mir kommt das Zitat in den Sinn: ,Sammle dir jeden Tag etwas Ewiges, was dir der Tod nicht nehmen kann.' Ja, wenn ich jetzt sterben müßte, dann möchte ich diesen Moment so intensiv wie möglich erlebt haben, mit allen Sinnen und Gefühlen, und so etwas vom Ewigen erlebt haben. Ich erfahre, wie der Gedanke an den Tod mir den jetzigen Moment, die Gegenwart öffnet. Was mir angesichts des Todes bleibt ist, jeden Moment zu bejahen, zu begrüßen, ihn so intensiv wie möglich zu erleben. Und da ist es egal, was ich mache: ob ich im Wald jogge und die Natur, meinen Atem, meine Kraft ganz intensiv aufnehme, oder bei einer langen Autofahrt die Natur wahrnehme und nicht nur an das Erreichen des Zieles denke, oder bei einer langweiligen Sitzung mich nicht ärgere, sondern die Menschen beobachte, sie wahrnehme, meinen Atem spüre – spüre, daß ich lebe. Immer wieder erinnere ich mich daran, daß der jetzige Moment mein letzter sein könnte. Und gerade bei Tätigkeiten, die mir lästig erscheinen wie Wäsche waschen, die Wohnung aufräumen usw. hilft es mir, mich den Kostbarkeiten auch dieser sonst so ungern gemachten Tätigkeiten zu öffnen. Da sehe ich dann plötzlich jedes Kleidungs-stück bewußter und freue mich daran oder auch an der Wohnung. Ich bemerke, daß ich eigentlich in jedem Moment, egal was ich tue, etwas Kostbares entdecken kann.

Der Gedanke an den jederzeit möglichen Tod hat mich also zunächst geängstigt, wollte mich einengen, aber dann konnte ich mich dem stellen, und der Moment öffnete sich für mich. Und ich kann in fast jedem Moment etwas Ewiges, etwas Tragendes finden.

Jetzt begleitet die Frage mich immer wieder im Alltag und öffnet mich für die Einmaligkeit dieses Augenblickes. Sie ist für mich ein wichtiger Schlüssel in meinem Leben geworden.“

*

Zeit ist Leben
Michael Ende

*

39

2 ALLES VERÄNDERT SICH

Von den Werten, dem Sinn und der Freude

> An dem Tag, wenn der Tod an Deine Tür klopfen wird,
> was wirst Du ihm anbieten?
> Ich werde meinem Gast
> das volle Gefäß meines Lebens vorsetzen.
> Ich werde ihn nicht mit leeren Händen gehen lassen.
>
> Tagore

„Mein Vater ist vor sechs Jahren sehr plötzlich an einem Herzinfarkt gestorben. Seitdem ist nichts mehr wie es war. Es hat mich damals total aufgerüttelt. Mir wurde damit alles, was vorher so wichtig war, sinnlos. Ich hatte eine gute Stelle als Elektriker, hatte sogar noch den Meister gemacht, es lief eigentlich alles so, wie man es sich träumt. Ich hatte ein großes Motorrad, ging jedes Wochenende in die Disco, war beliebt unter meinen Freunden, plante meine Freundin irgendwann zu heiraten und eine Familie zu haben. Aber das alles schien mir nach dem Tod so fragwürdig, so vom Äußeren her bestimmt. Es war das, was die Gesellschaft für einen bestimmt, so wie es alle tun. Aber stimmte das für mich? Mir ging es dann so schlecht, daß ich auch gar nicht mehr arbeiten konnte. Ich war in der Zeit sehr verzweifelt. Warum das alles machen, wenn es nachher sowieso aus ist? Was sollte das Leben? Die anderen konnten mit mir überhaupt nichts mehr anfangen; aber zum Glück gab es einen Freund, der mich verstehen konnte. Dann nach zwei Monaten faßte ich den Entschluß, meine sichere Stelle zu kündigen und für ein Jahr nach Griechenland zu gehen. Mit dem Entschluß, mir einen so großen Traum zu erfüllen, ging es mir gleich schon wieder besser. Das war es, was mich erfüllte. Als ich nach dem Jahr zurück kam, fand ich eine Halbtagsstelle. Ja, ich verdiene jetzt nicht mehr soviel Geld wie früher, aber ich habe jetzt viel mehr Zeit für mich selbst, für die Begegnung mit anderen Menschen und um meine Träume zu leben. So habe ich mir eine eigene kleine Werkstatt eingerichtet und tüftle da vor mich hin. In diesen Momenten geht es mir sehr gut, da bin ich ganz ich selbst, ganz zufrieden und erfüllt. Für diese Momente lohnt sich das Leben."

Durch den Verlust eines nahen Menschen werden wir oftmals sehr tief erschüttert. Werte, die uns vorher wichtig waren, die uns Halt und Sinn gaben, werden plötzlich leer und schal; sie tragen uns nicht mehr. Das, was uns vorher selbstverständlich war, stellen wir in Frage. Die Sinnlosigkeit verschlingt und lähmt uns. Fragen bedrängen uns plötzlich: „Wenn wir sterben müssen, wenn unser Leben hier begrenzt ist, welchen Sinn hat dann mein Leben überhaupt?" – „Warum mühe ich mich eigentlich so ab, wenn ich doch nichts mitnehmen kann?" – „Warum lebe ich denn eigentlich?" – „Welchen Sinn hat Leben überhaupt?" – „Wie kann ich angesichts dieser Leere zu einem Sinn finden, der mich trägt?"

Wir stürzen in einen Abgrund der Verzweiflung. Hermann Hesse beschreibt diese Verzweiflung so: *„Verzweiflung ist das Ergebnis jedes ernstlichen Versuches, das Menschenleben zu begreifen und zu rechtfertigen" (Hermann Hesse, Morgenlandfahrt. suhrkamp, Frankfurt 1971, S. 109).*

Wir suchen ringend nach einem neuen Sinn, der uns hilft, das Leben zu leben. Wir Menschen brauchen Sinn. Kennen oder erahnen wir den Sinn eines Ereignisses, so ist dieses Ereignis leichter für uns zu ertragen. Aber in dem Verlust eines nahen Menschen oder in einer schweren Erkrankung einen Sinn zu sehen, dagegen wehrt sich zunächst alles in uns. Denn würden wir einen Sinn erkennen, dann müßten wir in das Geschehen einwilligen, müßten ja sagen, und das können wir am Anfang noch nicht. Wir müssen uns langsam, durch viele Etappen der Dunkelheit dem Sinn annähern, müssen ihn in uns wachsen lassen. Es ist dies ein oft schmerzlicher und langer Prozeß. Viktor Frankl, ein Psychologe, der lange Zeit im KZ war und sehr viel über die Sinnfrage gearbeitet hat, schreibt: *„Sinn ist etwas, was man finden muß, nicht etwas, das einem gegeben wird. Der Mensch kann ihn nicht erfinden, er muß ihn entdecken" (Yalom, I: Existenti*elle Psychotherapie. Edition Humanistische Psychologe, 1989, Köln).

Wir müssen ihn in uns finden, er kann uns nicht durch Worte von anderen Menschen gegeben werden, und doch tun uns Gespräche mit Menschen, die auch auf dieser Suche sind, sehr gut und können uns Impulse geben für unsere eigene Suche.

Das Wesentlichste, was uns in dieser Zeit berührt, sind vielleicht Gespräche mit anderen, die auch durch diese Leere gegangen sind, die auch am Abgrund standen und für sich einen Weg gefunden haben. Die Gespräche können uns Kraft und Hoffnung geben, daß auch wir wieder einen Impuls hin zum Leben bekommen werden. Der Weg zu neuen Werten ist sehr schwer und einsam. Durch den Verlust eines nahen Menschen fühlen wir uns allein und niedergeschlagen. Das Leben selbst scheint uns verlassen zu haben. Wir würden lieber selbst auf dem Friedhof liegen, als mit dem Leben zu ringen.

Auch bei der Diagnose einer eigenen Erkrankung, wenn unser eigenes Leben plötzlich bedroht ist, fühlen wir uns erschüttert, verzweifelt, ohnmächtig, hadern vielleicht mit der Ungerechtigkeit des Lebens. Immer wieder überfällt uns die Angst, sterben zu müssen, sie lähmt uns, und im Rückblick auf ihr Leben haben manche das Gefühl, zu wenig gelebt zu haben, vieles aus Angst oder anderen Gründen versäumt zu haben. Es sind schmerzliche Erkenntnisse, wie: „Ich habe viel zu wenig mich selbst gelebt und habe mich immer nach den Erwartungen der anderen gerichtet." – „Ich weiß jetzt, daß ich zu viel gearbeitet habe." – „Ich habe den Menschen, die ich liebe, viel zu wenig Zeit geschenkt und bin immer meiner Karriere hinterher gelaufen." – „Ich habe mir eigentlich nie wirklich Urlaub, freie Zeit einfach so zum Entspannen gegönnt." – „Ich habe mir viel zu wenig gegönnt. Immer habe ich das Geld für später gespart." – „Soll das mein Leben gewesen sein?"

Manche Menschen sind sehr erschüttert, wenn sie angesichts des Todes erkennen, daß sie eigentlich nicht wirklich gelebt haben. Immer wieder schieben wir unser Leben auf, vertrösten uns auf später:
„Wenn ich aus der Schule bin, dann ...
Wenn ich einen Beruf habe, dann aber ...
Wenn ich verheiratet bin, dann ...
Wenn die Kinder aus dem Haus sind, dann ...
Wenn ich pensioniert bin, dann ...
Immer wieder leben wir mit dem „wenn ... dann ...". Immer wieder verschieben wir unser Leben, unsere Lebensfreude oder unser Glück, unsere Wünsche, das, was wir eigentlich wollen, auf später. Und wenn dann das „dann" endlich da ist, steht oftmals schon wieder die nächste Aufgabe oder Pflicht vor uns, so daß wir uns unsere „Dann-Wünsche" nicht erfüllen können. Und wir wissen ja auch nicht, ob

wir das „dann" überhaupt erleben werden, ob wir nicht vorher, vielleicht schon in einem oder zwei Jahren, tot sind. Wir haben keine Garantie, daß wir z.B. wirklich erleben werden, daß die Kinder aus dem Haus gehen oder daß wir nicht mehr arbeiten müssen. Wir wissen nicht, ob wir nicht vorher erkranken und uns unsere Träume nicht mehr erfüllen können.

Eine 60jährige Patientin hat folgendes erfahren: „*Eigentlich wollte ich mir ja nach meiner Pensionierung meinen großen Traum erfüllen und meine Schwester in den USA besuchen. Ich ging dann zum Arzt, um meinen Zucker nochmal richtig einstellen zu lassen, und er stellte eine akute Leukämie fest. Ich konnte nicht mehr fliegen, und jetzt bin ich hier im Hospiz und hoffe, daß ich noch zwei Monate lebe, denn dann kann meine Schwester mich besuchen kommen. Wäre ich doch nur schon früher geflogen, warum bin ich nicht in meinem Urlaub schon Jahre vorher dort gewesen, um zu sehen, wie sie lebt!*"

Dieses, das Bewußtwerden der Ungewißheit unseres zukünftigen Lebens erschreckt uns zunächst, aber es kann uns auch ermutigen, uns zu fragen, was von unseren Träumen und Wünschen wir schon heute leben können. Sicher, wir können nicht so leben, als hätten wir nur noch ein Jahr zu leben; aber wir können einige Träume, einige Wünsche schon jetzt verwirklichen. Manchmal braucht es vielleicht sehr viel Mut, manchmal müssen wir Hürden der Konventionen und Sicherheiten überspringen, uns ins Ungewisse einlassen. Dahinter steht ja die Frage an uns selbst: „Weiß ich von mir wie ich leben will, damit ich ein erfülltes Leben habe, damit ich am Ende meines Lebens, unabhängig davon, wann der Tod kommt, ob es in einem Jahr ist oder erst in zehn oder zwanzig Jahren, empfinden kann: „*Ja, ich habe mich gelebt.*"

Vielleicht mögen Sie das Buch für einige Minuten weglegen und sich folgenden Fragen zuwenden:
– Wie würde ich leben, wenn ich nur noch ein Jahr zu leben hätte?
– Was hätte ich versäumt, wenn ich nur noch kurze Zeit zu leben hätte?
– Was würde ich nicht mehr machen?
– Was würde ich mir endlich erlauben zu machen?
– Wie will ich wirklich leben?

- Was ist mir wirklich wichtig in meinem Leben?
- Was bringt mir Freude, was erfüllt mich?

Die Endlichkeit unseres Lebens, das Wissen um die Begrenztheit hilft uns, Wichtiges von Unwichtigem zu unterscheiden. Irving Yalom, ein amerikanischer Psychologe, dem es in seiner Arbeit sehr wichtig ist, den Tod mit einzubeziehen, sagt: „Obwohl die **Physikalität des Todes** den Menschen zerstört, rettet ihn die **Idee des Todes"** (Yalom: Existentielle Psychotherapie, Edition Humanistische Psychologie, Köln 1989). Der Tod selbst nimmt uns das Leben, aber durch die Auseinandersetzung mit ihm gewinnen wir an Lebendigkeit, erfahren wir, wer wir selbst sind.

Was erleben Menschen angesichts des Todes als wichtig und wertvoll?
Was gibt ihnen wieder neuen Sinn, Halt und Bedeutung?
Welche Werte haben angesichts des Todes Bestand?

Von der Leistung zum Sein – Vom Rationalen zum Fühlen

In unserer Gesellschaft haben Leistung, Geld, Karriere einen sehr hohen Stellenwert. Schon von klein an haben wir gelernt, daß wir gut sind, wenn wir viel leisten können: in der Schule gute Noten bringen, uns anstrengen, uns mit anderen vergleichen und möglichst besser sind als sie. Wir strengen uns an, mit den anderen mitzuhalten, weil wir Angst haben, sonst im Abseits zu stehen, von den anderen ausgeschlossen zu werden.

Dieser Leistungsaspekt webt sich auch in unsere kreative Freizeitgestaltung mit hinein. Auch hier haben wir oft verlernt, spielerisch uns darin zu entdecken. Auch hier geht es darum, gut zu sein, entweder im Wettkampf oder „daß es doch etwas bringen muß".

Ist unsere Leistungsfähigkeit nun durch eine Krankheit eingeschränkt, fühlen wir uns hilflos, wertlos, wissen gar nicht, was uns denn sonst noch wichtig ist.

So sagte eine junge Frau, die an Krebs erkrankt ist und durch die Behandlungen in ihrer Leistungsfähigkeit sehr eingeschränkt ist:

„Ich bin ja so aufgewachsen, daß Leistung das Wichtigste ist. Und zwar überall: In der Arbeit war es wichtig, daß ich meinen Doktor

machte und dann eine gute Stellung an der Uni bekam. Immer war es nur gut, wenn es perfekt war, wenn ich Besonderes vorzeigen konnte. Und auch in der Freizeit war es die Leistung im Sport: entweder 1000 Meter in einer bestimmten Zeit zu schwimmen oder bei Turnieren zu gewinnen. Es mußte vorzeigbar sein. Ja, und jetzt ist das ganze Gerüst durch meine Krankheit zusammengebrochen. Ich kann nicht mehr arbeiten, und Sport treiben kann ich auch nicht mehr. Jetzt darf ich nicht mal mehr schwimmen gehen, weil meine Haut so schlimm ist. Alles ist mir genommen worden. Ich habe das Gefühl, daß ich gar nichts mehr kann. Das macht mich sehr mutlos. Der erste Gedanke, der mir dann kam, war: „Gut, ich könnte ja etwas mit Musik machen." Aber dann kam gleich schon wieder der Gedanke, daß ich dazu schon viel zu alt bin, um es zu etwas zu bringen. Bis mir dann eine Freundin deutlich machte, daß es doch jetzt nicht mehr um Leistung geht, nicht mehr darum, daß etwas Besonderes dabei herauskommt, sondern vielmehr, daß ich in dieser Zeit Freude habe. Dieser Gedanke ist ganz neu für mich: Es lohnt sich, wenn ich in dem Moment Freude habe an meinem Tun. So habe ich mir einen Traum erfüllt und mit dem Gitarrespielen angefangen. Ich habe einfach in der Stunde mit der Lehrerin Freude, und das ist es! Und so lerne ich immer mehr, mich danach zu fragen: ,Was macht mir denn Freude?' und nicht mehr: ,Was kannst du? Was leistest du? Wie gut bist du?' Das gibt mir ein viel freieres Lebensgefühl. Der Druck, immer gut sein zu müssen, ist wie von mir genommen. Ich fühle mich wohl, wenn ich koche, mit Freunden zusammen bin, ins Kino gehe oder auch mal rumalbere. Früher wäre das für mich immer Zeitverschwendung gewesen, aber jetzt sind das für mich die kostbarsten und freudigsten Stunden."

Ähnliches erfährt auch ein Mann:
„Vor zwei Jahren hatte ich gerade nach vielen Anstrengungen den Posten meiner Karriere bekommen, von dem ich immer geträumt hatte. Nach einiger Zeit merkte ich, daß ich mich in der Stellung nicht wirklich wohl fühlte. All die Arbeit, die vielen Sitzungen und Dienstbesprechungen usw. ließen mich innerlich leer zurück. Ich hatte am Abend zwar das Gefühl, viel beschäftigt gewesen zu sein, aber wenn ich mich fragte, was ich wirklich Sinnvolles getan hatte, wußte ich es oft nicht. Ich spürte, daß ich einen sehr hohen inneren Preis für diesen Posten bezahlte. Ich bezahlte nämlich mit meiner

eigenen Lebensfreude. Dadurch, daß meine Schwester letztes Jahr an Aids gestorben ist, ist mir deutlich geworden, daß wir eben nicht unendlich viel Zeit zur Verfügung haben.

Hinzu kam noch, daß ich spürte, daß mich alle öffentliche Anerkennung, aller Ruhm und alle Macht letztlich innerlich nicht wirklich erfüllten.

Dies alles zu erkennen, war ein schwieriger und sehr schmerzlicher Weg. Den Gedanken, mit der Arbeit aufzuhören, verband ich zunächst mit einem großen Versagen: ,Du hast es nicht geschafft, hast kläglich versagt. Andere schaffen es doch auch, warum du nicht!' Wer war ich, wenn ich diese Stelle aufgab? War ich dann noch wichtig? Welche Daseinsberechtigung hatte ich denn ohne soviel Arbeit? Heute kann ich sagen: ,Die Arbeit könnte ich tun, aber sie entspricht nicht mir selbst, nicht meinen Gaben und meinem Selbstbewußtsein in der Welt. Ich will auch nicht mehr mit soviel Angst leben. Denn die Arbeit forderte mich immer bis zur Grenze, und von daher lebte ich immer mit der Angst: Kann ich das? Schaffe ich das?' Ich weiß jetzt: Ich will und muß nicht mit soviel Angst leben. Der Preis an Lebensqualität und Freude ist mir zu hoch. Ich habe dann eine Umschulung gemacht und bin jetzt Krankenpfleger in einer Psychiatrischen Klinik. Ich erlebe hier soviel Reichtum, Fülle und Freude, wie ich sie nie in der Leitungstätigkeit gefunden hätte. Ich habe mich für die Fülle des Lebens entschieden und nicht für das lebensvertröstende Motto: ,Wenn ich das und das erreicht habe, dann ...', sondern für das Jetzt."

Die Werte verändern sich, die kurzen Augenblicke des Seins, des Glücks bekommen mehr Bedeutung, wie auch Jorge Luis Borges* in seinem Gedicht „Augenblicke" schreibt:

Augenblicke
Wenn ich mein Leben
noch einmal leben könnte, im nächsten Leben,
würde ich versuchen, mehr Fehler zu machen.
Ich würde nicht so perfekt sein wollen, ich würde mich mehr entspannen.

---
* Gesammelte Werke. Band 2: Gedichte 1969-1972. Hg. u. aus d. Span. v. Curt Meyer-Clason, © Carl Hanser Verlag, München 1980

Ich wäre ein bißchen verrückter als ich gewesen bin,
ich würde viel weniger Dinge so ernst nehmen.
Ich würde nicht so gesund leben.
Ich würde mehr riskieren, würde mehr reisen,
Sonnenuntergänge betrachten,
mehr bergsteigen, mehr in Flüssen schwimmen.

Ich war einer dieser klugen Menschen,
die jede Minute ihres Lebens fruchtbar verbrachten;
freilich hatte ich auch Momente der Freude,
aber wenn ich noch einmal anfangen könnte,
würde ich versuchen, nur mehr gute Augenblicke zu haben.

Falls Du es noch nicht weißt,
aus diesen besteht nämlich das Leben;
nur aus Augenblicken, vergiß nicht den jetzigen!

Wenn ich noch einmal leben könnte,
würde ich von Frühlingsbeginn an bis in den Spätherbst hinein
barfuß gehen.
Und ich würde mehr mit Kindern spielen,
wenn ich das Leben noch vor mir hätte.
Aber sehen Sie ... ich bin 85 Jahre alt und weiß,
daß ich bald sterben werde.

Vom Festhalten zum Vertrauen in den Wandel

Wir haben gelernt, Sicherheit zu finden, indem wir festhalten. Wenn etwas gut ist, dann soll es sich auf keinen Fall ändern, soll immer so bleiben. Wir wollen unser Leben fest in der Hand haben, organisieren und verplanen unser Leben. Wir wollen wissen, was auf uns zukommt, und wir halten fest: Wir halten an Menschen fest, sie sollen sich nicht verändern und wenn sie es tun, so wollen wir es nicht wahr haben, wir wollen den anderen wieder so haben wie früher.

Das Festhalten an Sicherheiten, an dem, wie es jetzt ist, ist natürlich und verstehbar, aber es macht uns auch starr und unlebendig. Alles muß immer so und genauso ablaufen, wie wir es geplant haben, und wenn nicht, geraten wir in schlechte Laune. Das Festhalten macht das Leben manchmal „einfacher", weil wir nicht immer in uns hineinhorchen müssen, was jetzt stimmt, aber es macht uns auch innerlich leerer. Wir funktionieren eher nach einem festgelegten Plan, und wenn der nicht eingehalten ist, geraten wir aus dem Gleichgewicht.

Vielleicht mögen Sie sich einen Moment sich selbst zuwenden:
– Welche festen Tagesabläufe haben Sie?
   z.B. morgens beim Aufstehen, welche festen Rituale gibt es da?
   Oder beim Frühstück, essen Sie immer das gleiche?
   Muß etwas unbedingt sein?
   Wie flexibel sind Sie in den kleinen Dingen?
– Vielleicht haben Sie Lust, mit sich zu experimentieren, indem Sie morgen etwas anders machen, vielleicht nicht sofort aufstehen, sondern noch zehn Minuten liegen bleiben. Oder umgekehrt, vielleicht aufstehen und zuerst das Fenster öffnen und die Luft draußen wahrnehmen.
   Oder vor dem Duschen einige Körperübungen machen.
   Oder erst frühstücken und sich dann waschen.
– Experimentieren Sie, horchen Sie, wonach Ihnen an diesem Tag ist.

Der Tod lehrt uns oftmals sehr schmerzlich die Unbeständigkeit aller Dinge. Alles verändert sich, selbst während sie jetzt dieses Buch lesen, verändert sich ihr Körper: Der Ein- und Ausatmen, die Verdauung, ihr Blut. Es pulsiert, bewegt und verändert sich.

Der Tod zeigt uns sehr drastisch, daß uns auf Dauer nichts gehört, daß uns alles immer wieder vom Tod genommen werden kann. Gegen den Tod können wir keinen Menschen bei uns halten, keinen Besitz, keine Auszeichnung. Wir erfahren, so sehr wir uns auch dagegen auflehnen, daß der Tod, die wandelnde Kraft, viel mächtiger ist als wir.

Eine Tasse Tee
Nan-in, ein japanischer Meister, empfing den Besuch eines Universtiätsprofessors, der etwas über Zen erfahren wollte.
Nan-in servierte Tee. Er goß die Tasse seines Besuchers voll und hörte nicht auf weiterzugießen. Der Professor beobachtete das

Überlaufen, bis er nicht mehr an sich halten konnte. „Es ist übervoll.
Mehr geht nicht hinein!" – „So wie diese Tasse", sagte Nan-in, „sind
auch Sie voll mit Ihren eigenen Meinungen und Spekulationen.
Wie kann ich Ihnen Zen zeigen, bevor Sie Ihre Tasse geleert
haben?" (Paul Reps: Ohne Worte – ohne schweigen: Barth-Verlag,
1980. S. 21)

Wir müssen im Leben immer wieder von Altem und Vertrautem loslassen, damit wir wachsen können. Aber oft ist dies mit Angst verbunden. Wir fragen uns: „Werden die leeren Hände wirklich wieder
gefüllt? Wie soll das geschehen? Wird es wirklich besser werden?"
Wir müssen die Ungewißheit aushalten: „Was wird nach dem Loslassen des Alten geschehen? Kommt danach wirklich wieder etwas
Neues?" Wir haben Angst davor, daß wir Menschen oder liebgewon-
nene Gewohnheiten vergessen, wenn wir sie nicht halten. Wir vertrauen so wenig darauf, daß das, was war, immer bleiben wird: Es hat
uns geprägt, verändert, auch wenn wir es loslassen und es im Äußeren jetzt vielleicht nicht mehr da ist.

Das Loslassen bedeutet, daß wir in unserem Vertrauen gefordert
sind: Vertrauen, daß die Zukunft immer offen ist. Immer kann Uner-
wartetes kommen. Wir verändern uns ja ständig, auch in unseren
Einstellungen. Wie haben Sie vor vielleicht zehn Jahren über bestimmte Musik, über Bücher, über Beziehungsideale, Lebensentwürfe
gedacht? Vielleicht haben Sie in den letzten Jahren ganz andere, neue
Persönlichkeitsaspekte von sich kennengelernt?

Von Außen nach Innen

Wenn Menschen in Zeiten der Erkrankung und des Sterbens auf ihr
Leben zurückblicken, erkennen sie oft, daß sie sich zu sehr nach der
Meinung anderer gerichtet haben. Sie haben sich den gesellschaftlichen Verpflichtungen und Maßstäben angepaßt. Sie haben zu wenig
auf sich gehört, sind viel zu wenig ihrer eigenen Stimme, ihren urei-
gensten Impulsen gefolgt. So sagt ein Mann: *„Ich wußte eigentlich*
schon immer, was ich wollte: Ich wäre z. B. gerne zum Studium in
ein anderes Land gegangen. Und danach hätte ich mich gerne selb-
ständig gemacht, aber immer sprachen äußere Gründe für einen
anderen, sichereren Weg. Ich habe jetzt das Gefühl, eigentlich nie

eine wirkliche Entscheidung getroffen und nie den Mut gehabt zu haben, meinen eigenen Wünschen zu folgen, und das deprimiert mich."

Finanzielle Sicherheit, Reichtum, Geld, Prestige bestimmen viel zu oft unser Handeln und Denken. Durch die Konfrontation mit dem Tod wird uns klar, daß alles vergänglich ist, daß wir wie der Rabbi es in der nachfolgenden Geschichte verdeutlicht, „auf der Durchreise" sind:

Im letzten Jahrhundert kam ein Besucher aus Amerika zu einem berühmten polnischen Rabbi, Hofetz Chaim. Er war erstaunt, daß dessen Wohnung nur aus einem einfachen Raum bestand, der mit Büchern, einem Tisch und einer Sitzbank gefüllt war. „Rabbi", fragte der Besucher, „wo sind deine Möbel?" – „Wo sind deine?" antwortete Hofetz Chaim. – „Meine?" fragte der erstaunte Amerikaner, „aber ich bin doch nur auf der Durchreise." – „Ich auch", sagte der Rabbi.

Häufig lassen wir uns viel zu viel von gesellschaftlichen Normen und Regeln bestimmen und von äußeren Begebenheiten einspannen. Wir sind geprägt von der Angst, sonst nicht mehr dazuzugehören. Werden wir nun aber durch eine Erkrankung oder durch den Verlust eines nahen Menschen erschüttert, fühlen wir uns sowieso ausgeschlossen von „der normalen Welt". Das macht uns in diesen Zeiten einerseits sehr einsam, aber andererseits können wir darin auch eine große Freiheit erfahren, weil wir das Gefühl haben, nichts mehr verlieren zu können. Christoph erzählt: *„Mein Freund, mit dem ich sechzehn Jahre zusammen war, ist jetzt ein halbes Jahr tot. Die Monate danach waren die Hölle an Einsamkeit, Depression und Sinnlosigkeit. Aber ich finde langsam wieder zu mir und zum Leben zurück. Und als es mir gestern, endlich seit so langer Zeit, mal wieder gut ging, bin ich tanzen gegangen, in die Disco, in die wir sonst auch immer zusammen gegangen sind. Ich tanzte ganz ausgelassen und hatte mit geschlossenen Augen das Gefühl, daß Peter mit mir tanzte. Als ich dann zwischendurch die Augen öffnete und in das Gesicht eines Bekannten schaute, dachte ich zuerst mit schlechtem Gewissen: ‚Oh, was wird der denken. Peter ist noch nicht mal ein halbes Jahr tot und ich tanze schon wieder so wild. Darf ich das?' Und dann kam in mir ein inneres Lachen, eine Freiheit, mit dem Gedanken: ‚Es ist doch scheißegal, was die anderen von mir denken. Hauptsache, es stimmt für mich.'"*

Die hemmenden Gedanken von „Darf ich das?" – „Falle ich sonst nicht unangenehm auf" – „Was werden die anderen von mir denken" verlieren durch den Spiegel des Todes an Macht über uns. Unsere eigenen Impulse werden drängender, oft werden wir bestärkt durch den Gedanken: „Was kann mir denn schon passieren, das Schlimmste habe ich sowieso erfahren, dann kann ich das jetzt auch wagen."

Eine 60jährige Frau: *„Mein Mann war ja über viele Jahre hin krank. Wir konnten darum auch schon seit über zehn Jahren keine Sexualität miteinander leben. Und jetzt ein Jahr nach seinem Tod wache ich wieder richtig auf. Ich habe mich ganz heftig in einen anderen Mann verliebt. Was uns verbindet ist die Freude und Erfüllung, die wir durch die Sexualität erleben. Ich habe das vorher noch nie so intensiv erlebt. Es ist, als ob ich ein ganz neues Land betrete. Ich habe so viel Lust und Begehren, wie ich es nie gedacht hätte. Ich könnte mir auch vorstellen, das auch noch mit einem anderen Mann zu leben. Ich bin irgendwie neugierig geworden. Aber meine Freunde oder auch die anderen Frauen aus der Trauergruppe schütteln nur den Kopf über mich. Ist ja auch komisch, mit über 60 noch so etwas zu erleben, aber es ist wunderbar, und ich genieße es in vollen Zügen, egal was die anderen darüber reden."*

Wir werden freier von der Meinung anderer Menschen über uns und wagen mehr, unsere eigenen Impulse zu leben. Der Weg geht weg vom Äußeren, weg von dem, was andere Menschen meinen oder dem, was der Konvention entspricht, zu einem Spüren nach innen. Susanne Fleer, eine junge Krebspatientin, wenige Tage vor ihrem Tod:

„Ich denke, daß die Zeit, die man mit sich selbst verbringt, allein, wo nichts passiert, wo kein Programm ist, wo man einfach mit sich ist, in Muße oder wie man das nennen will, daß das eigentlich die intensivste Zeit ist. Und daß das so – wenn ich jetzt so zurückgucke – die Momente waren, wo ich das Gefühl hatte, da habe ich richtig gelebt, also da war ich richtig da. Wo nichts von außen war, kein Programm, keine Handlung, kein Tun, sondern einfach ein Da-Sein. Wenn ich jetzt noch mal Zeit hätte oder noch so ein Leben vor mir mit dem Wissen, das wäre für mich das Wichtigste" (Werner Filmer: Susanne Fleer – Abschied vom Leben. Goldmann Tb, München, 1991, S. 51–52).

Vielleicht mögen Sie das Buch für einige Momente beiseite legen und dem, was sie gelesen haben, nachspüren.
- Was hat das Gelesene in Ihnen berührt? Nachdenklichkeit, Abwehr? Staunen? Innere Zustimmung?
- Welche Meinungen tauchen in Ihnen auf? Sind es ihre eigenen Meinungen?
- Welche Erfahrungen kommen Ihnen in die Erinnerung?

Vom Schweren zur Freude

Möglicherweise verwundert Sie die Überschrift und Sie denken: „Nein, die Begegnung mit dem Tod macht doch eher schwer und depressiv". Erstaunlicherweise ist die Erfahrung der meisten Menschen anders. Durch das Brennglas des Todes betrachtet, wird die Kostbarkeit des Lebens spürbar und der Wunsch wächst, sich viel mehr dem Erleben der Freude zu öffnen. Mozart schrieb in einem Brief: *„Ich danke Gott, daß er mir die Gelegenheit und das Glück geschaffen hat, den Tod als den Schlüssel zu unserer wahren Glückseligkeit zu erkennen."*

Wirkliche Freude hat in unserer Gesellschaft und gerade in der christlichen Erziehung wenig Platz. Wie ist es jetzt für Sie in diesem Moment? Worüber könnten Sie jetzt Freude empfinden? Darüber, daß Sie gerade irgendwo sitzen und lesen können? Daß Sie Augen haben, die den Text sehen können? Oder darüber, daß sie das Privileg haben, sich Bücher kaufen oder leihen zu können und dadurch in eine innere Auseinandersetzung mit sich kommen können? Oder worüber?

Es ist in solchen Momenten gleichsam so, daß wir unsere Blickrichtung, unser Bewußtsein ändern müssen. Wir haben dann die Erkenntnis, daß die eigentliche Quelle der Freude nicht im Außen liegt. Das Anhäufen und Potenzieren von glücksversprechenden Objekten, Handlungen und Ereignissen hat eher einen glücksreduzierenden Charakter. Die Gier danach schafft eher Gefühle der Langeweile und Frustration, weil wir oft dann mit unserem Empfinden, mit unserer Aufmerksamkeit nicht wirklich präsent sind. Friedvolle Freude pulsiert eigentlich ununterbrochen aus den Zonen unseres

Inneren. Wenn wir innehalten, uns nach innen wenden, den Kontakt mit dem eigenen inneren Sein aufnehmen und dann das, was gerade gegenwärtig da ist, tief und ohne Abwehr zulassen, wird sich ein Erleben von Glück und freudevoller Erfüllung einstellen. Das Eigentliche, das uns den Schlüssel zu beglückendem Erleben in die Hand gibt, ist die bewußte, wache Hingabe an das, was ist.

Viele von uns sind mit dem Gefühl aufgewachsen, daß das Leben schwer ist, daß man Wichtiges schaffen muß, daß das Leben nur tief und gut ist, wenn wir ernst sind und uns dem Schweren verpflichten, Opfer bringen und viel leisten. Oftmals kommt noch hinzu, daß wir meinen, Freude oder Glück verdienen zu müssen, uns dafür besonders anstrengen zu müssen, ganz besonders gut sein zu müssen. Aber das Geheimnis für das Erleben der Freude liegt eher darin, daß wir unser mühsames Bestreben, etwas Besonderes zu sein, aufgeben und uns dem Leben so öffnen, wie es jetzt ist. In diesen Momenten fühlen wir uns *bedeutsam*, ohne daß wir *besonders* sein müssen. Wir wissen um die Kostbarkeit unserer Einmaligkeit. Freude erleben wir, wenn wir uns dem Moment so hingeben, uns ihm so öffnen, wie er jetzt ist. Es ist die Bereitschaft, sich mit ganzer Aufmerksamkeit dem zuzuwenden, was ist. Es bedeutet, daß wir unsere Erwartungen an Menschen, an Situationen, an das Leben, wie es sein sollte, weicher werden lassen. Es ist ein Zustand, der alles so sein läßt wie es ist. Wir fühlen uns den Schwierigkeiten des Lebens gewachsen, haben Vertrauen in unsere eigene Kraft. Wir spüren, was das Leben uns alles schenken kann, was wir noch nicht kennen, aber kennenlernen wollen. Wir wissen, daß wir nicht mehr etwas Bestimmtes für unser Glück tun oder haben müssen, sondern daß es jetzt da ist. Freude ist ein zeitloser Moment. Empfinden wir tiefe Freude, so möchten wir sie meist auch mit anderen teilen, wir fühlen uns verbunden mit den anderen Menschen. Sie sind nicht mehr Feinde oder Konkurrenten, gegen die wir uns abgrenzen müssen, sondern wir können im Erleben dieser Freude eine Ahnung von Einheit spüren. Wir fühlen uns verbunden mit dem Anderen, sind bereitwilliger zu teilen, müssen unseren Besitz nicht abgrenzen aus der Angst, sonst nicht genug zu haben, sondern werden getragen von der Gewißheit: „Wenn ich teile, verliere ich nicht, sondern ich kann auch dadurch gewinnen."

Vielen kommt immer wieder das Gefühl: „Ja, wenn ich so freudig lebe, dann bin ich doch egoistisch, dann nehme ich das Leben viel zu leicht. Ich müßte mich doch dem Schweren zuwenden, dann bin ich sinnvoll für die anderen." – Wir haben wenig gelernt, daß wir auch durch die Freude den anderen beschenken. Doris, eine an Aids erkrankte Frau: *„Ich habe immer wieder ein schlechtes Gewissen, wenn ich so freudig und im Moment auch leicht lebe. Manchmal sage ich mir: Doch, ich hab es verdient. Ich habe ja nach der Diagnose viel Schweres und Grausames erlebt, aber eigentlich ist mir mit diesem ‚verdienen' auch nicht wohl. Denn dann denke ich sofort: ‚Na, jetzt habe ich schon mehr an Freude als Leid gehabt.' Also ich glaube, diese Gleichung geht so gar nicht. So denken wir Menschen vielleicht. Mir ist dann klar geworden, daß ich mit meiner Freude ja auch der Welt etwas schenke, nämlich Freude. Ich erhöhe damit sozusagen das ‚Bruttosozialprodukt an Freude'. Ja, ich verringere nicht das Leiden, indem ich in Dunkelheit und Schwere gehe, sondern indem ich Freude dazugebe. Ich vermehre dadurch die Freude an der Welt."*

Ein Hindu-Heiliger sagte einmal: Vielleicht dienen wir Gott am besten, in dem wir glücklich sind? (Johnson, Extase. Kösel, München 1991).

Vielleicht ist hier wichtig, daß die Freude auch immer das Wissen um den Schmerz, ums Leiden einschließt. Freude versucht nicht, das Schwere zu verdrängen, sondern meist werden wir gerade von der Freude tief ergriffen, wenn wir durch eine leidvolle Zeit oder einen Prozeß gegangen sind. Freude erleben wir besonders stark in der Polarität zum Dunklen und Schweren. Wir spüren dann, daß nach allem Ringen und Hadern sich etwas in uns löst und wir unser Leben so annehmen können wie es ist. Unser Widerstand, der uns vorher so eingeengt und gequält hat, konnte sich lösen, und wir konnten uns dem gegenwärtigen Moment in seiner Vergänglichkeit öffnen.

Wir möchten Ihnen einige Impulsfragen geben, die Sie anregen können, sich damit auseinanderzusetzen, wie Sie Freude erleben. Vielleicht spricht die eine oder andere Frage Sie an und Sie denken darüber nach oder Sie sprechen mit einem anderen Menschen darüber:

* Welchen Stellenwert hat Freude in Ihrem Leben heute?
* Wann erleben Sie Freude? Gibt es Dinge, die Sie jeden Tag tun
  und manchmal Freude dabei empfinden und manchmal nicht.
  Wodurch entsteht der Unterschied?
* Was bringt Ihnen Freude? Was müßten Sie in Ihrem Leben
  ändern, um mehr Freude erleben zu können?

Das was zählt ist eigentlich die Liebe

Vielleicht gab es beim Lesen der vorherigen Texte immer mal den
Impuls in Ihnen: „Ja, aber das klingt so egoistisch: Mich zu leben,
wie kann ich denn das, wenn ich in einer Familie und dazu im Beruf
so eingespannt bin? Da leiden doch nur die anderen. Das geht nicht."
Aber die Erfahrungen zeigen etwas ganz anderes. Gerade die Auseinandersetzung mit dem Tod verändert unser Zusammensein mit
anderen Menschen. Die Kostbarkeit des Du, der aufrichtigen und nahen Begegnung wird deutlich erlebbar. Es ist mehr so, daß wir bei
uns selbst beginnen, um dann weiter zu gehen.

Durch die starke innere Bewegung, die eine lebensbedrohliche Erkrankung mit sich bringt, verändern sich unsere Wichtigkeiten:
Manches wird so unwichtig, was vorher Anlaß zu einem Streit gab,
und anderes, die kleinen Wunder, werden plötzlich größer, werden
in ihrer Kostbarkeit wahrgenommen, besonders auch das Zusammensein mit Freunden oder der Familie.

Der Tod kann uns trennen, indem er Menschen auseinanderreißt,
aber er kann uns auch verbinden: Wir alle werden sterben, keiner
von uns kommt drum herum, so sehr wir auch versuchen, nicht
daran zu denken. Angesichts des Todes können wir erkennen, wie
sehr wir alle uns hier auf der Erde anstrengen, unser Leben zu bewältigen, wie sehr wir uns alle nach Glück, Liebe, und Angenommen-
Sein sehnen. In solchen Momenten fühlen wir uns tief miteinander
verbunden.

Oftmals wächst hieraus auch der Impuls, anderen Menschen zu geben, ihnen durch unser Tun und Wirken zu helfen. Wir begreifen,
daß wenn wir ihnen geben, wir selbst auch bekommen, da es diese

Trennung zwischen Geben und Nehmen nicht wirklich gibt. Für andere Menschen da zu sein, hilfreich und bedeutsam für sie zu sein, gibt unserem Leben Sinn und Aufgabe. Wir spüren in solchen Augenblicken, daß es gut ist, daß wir hier sind. Ein Mann, der seinen Lebenspartner verloren hatte: *„Nach dem Tod von Markus war mein Leben so leer und sinnlos. Ich mußte mich dann auch um sein Geschäft kümmern. Zuerst wollte ich es gar nicht, aber dann merkte ich, wie wichtig das für die Angestellten war. Sonst hätten sie ihre Arbeitsstelle verloren. Ich spürte: ‚Ich bin wichtig für diese Menschen. Mein Leben ist nicht umsonst.' Es hat mir geholfen, wieder mehr Kraft zu finden, und jetzt habe ich mir eine neue Aufgabe gesucht, andere Aidserkrankte zu begleiten, da ich ja viel aus der Sterbenszeit meines Freundes gelernt habe. Ich merke, wie ich an dieser Aufgabe wieder wachse und sie mich erfüllt. Ich mache sie jetzt nicht mehr, um eine Leere zu überbrücken.“*

Die an Krebs erkrankte Treya schreibt: *„Hier im Dom, auf den Knien vor diesen Hunderten von Flämmchen im weichen Halbdunkel, fiel mir nur eines ein, was dem Leben einen Sinn zu geben vermag: anderen helfen, dienen"(Ken Wilber, Mut und Gnade. Scherz 1991, S. 361).*

Eine Aufgabe kann unseren Lebenswillen stärken, kann uns Sinn geben, aber es ist auch wichtig, daß wir nicht all unsere Identität aus dem Helfen heraus beziehen, daß wir den Hilflosen nicht benutzen, um eigene Trauer, Leere und Schmerz wegzudrücken, sondern daß es eine wechselseitige Beziehung ist. Ram Dass hat das sehr schön in seinem Buch „Wie kann ich helfen" (Sadhana-Verlag) ausgedrückt: „Wir helfen anderen, um an uns zu arbeiten, und wir arbeiten an uns, um anderen zu helfen.“

Das Arbeiten an sich selbst, sich mit sich auseinanderzusetzen, zu wachsen und zu reifen und damit liebender zu werden, wird durch die Erschütterung mit dem Tod bedeutsamer:
„Der Tod meines Freundes ist immer noch sehr schlimm für mich. Aber ich kann auch mehr und mehr in mir spüren: Ich bin stolz auf mich, weil ich mit seiner Erkrankung und seinem Sterben so umgegangen bin. Ich habe dadurch enorm an Selbstvertrauen gewonnen. Früher habe ich mir ja nie etwas zugetraut, und jetzt

staune ich, was ich alles wage. Dieses innere Wachsen, ja auch das spirituelle Wachsen, gibt mir einen neuen Sinn, zeigt mir einen Weg den ich gehen will und auf dem ich viel Neues entdecken kann."

Der Tod drängt uns, auf die Suche zu gehen. Für manche ist es inneres Wachsen, die Freude oder die Liebe, für andere das Helfen oder die Suche nach Gott.

Mark Matouschek schreibt in seinem Buch über andere an Aids erkrankte Menschen:

Leute, die sich, bevor ihr Leben zerbrach, nicht die Bohne für Spiritualität interessiert hatten, machten nun machtvolle Erfahrungen des Erwachens. Häufig hatten diese Skeptiker zwar nicht Gott, aber die Liebe gefunden. Das erinnerte mich an Augustinus' Bemerkung darüber, daß man nicht reisen, sondern lieben soll, wenn man eine Sache finden will, die überall ist (Sex, Tod und Erleuchtung. S. 186. Rowohlt).

IMPULSE

Wenn Sie das vorausgegangene Thema im Erleben für sich selbst vertiefen möchten, bieten wir Ihnen nachfolgend Impulse zur eigenen Auseinandersetzung an:

1. **Meine unerledigten Geschäfte: Eine Einübung ins abschiedliche Leben**

1. Habe ich Pläne für meine Wohnung oder mein Haus, die ich bis jetzt noch nicht verwirklicht habe?

_____

2. Gibt es Dinge, die ich wegwerfen wollte?

_____

3. Gibt es Dinge, die ich kaufen wollte?

_____

4. Gibt es Dinge, die ich haben wollte und bei denen ich mich damit abgefunden habe, daß ich sie nicht habe?

5. Gibt es Dinge, an denen ich arbeite und die ich noch nicht abgeschlossen habe?

6. Gibt es Dinge, die ich anfangen wollte und die ich nicht angefangen habe?

7. Gibt es Dinge, die ich ändern wollte und die ich noch nicht geändert habe?

8. Gibt es etwas, das ich sein wollte und noch nie war?

9. Gibt es Dinge, die ich tun wollte und noch nie tat?

10. Gibt es Dinge, die ich haben wollte und nie hatte?

11. Gibt es Dinge, die ich erleben wollte und nicht erlebt habe?

12. Gibt es Dinge, die ich sagen wollte und nie gesagt habe?

13. Was ich über mich selbst weiß und was niemand anderes weiß?

14. Meine wildeste Fantasie von mir selber?

2. Übung der Wertschätzung

Um uns selbst, unser Wesen und unsere Werte besser zu sehen, ist es wichtig, uns selber anzuerkennen und wertzuschätzen. Von der Erziehung ist uns dies oft verboten worden mit dem Satz: „Du wirst sonst eitel oder arrogant" oder: „Man lobt sich nicht." Aber in welcher Beziehung wir zu uns selbst leben, bestimmt sehr stark, wie wir mit anderen Menschen umgehen.

Was mögen Sie an sich selbst?
Worüber sind Sie stolz?
Was haben Sie heute gut gemacht?
Welche Eigenschaften schätzen Sie besonders an sich?
Welche Körperteile lieben Sie an sich selbst?

Im Alltag gehen wir ja eher anders mit uns um: Wir kritisieren dauernd an uns herum, nehmen uns unser Verhalten übel.
Vielleicht versuchen Sie einmal eine sogenannte Umkehrübung.

Ich mag an mir nicht ...
verwandeln Sie in : Ich anerkenne an mir ...

Ich nehme mir übel ...
verwandeln Sie in : Ich verstehe, daß ...

Ich verachte an mir ...
verwandeln Sie in: Ich liebe mich, auch wenn ...

Spielen Sie mit den beiden Formulierungen abwechselnd, und versuchen Sie die neue Form der Anerkennung zu fühlen. Vielleicht spüren Sie, wie hart und unbarmherzig Sie manchmal mit sich selbst sind, wenn Sie sich so verurteilen oder die Anforderungen an sich selbst viel zu hoch setzen. Sie können dann entdecken, das die wertschätzende Formulierung genauso wahr ist und es Ihnen mit ihr aber besser geht als mit der alten Form der Selbstbestrafung.

3. Begegnung mit dem Sinn meines Lebens

Den nachfolgenden Text können Sie sich selbst auf eine Kassette sprechen und dann abhören oder sich von einem vertrauten Menschen langsam vorlesen lassen. Für die Übung ist es auch angenehm, wenn im Hintergrund leise, sanfte Musik spielt.

Setze oder lege dich bequem hin, schließe die Augen und entspanne dich auf eine dir bekannte Weise.

Stelle dir nun vor, du betrittst ein sehr altes, aber schönes Haus ... Im Augenblick scheint dieses Haus mit seinen vielen Zimmern unbewohnt zu sein, und du kannst ruhig das Gefühl haben, daß es dein Eigentum ist. Schau dich um ... vielleicht erkennst du bekannte Möbelstücke, Teppiche und Gegenstände, die zu dir gehören. Du hast nun einige Augenblicke Zeit, dich in den verschiedenen Räumen umzusehen und Altbekanntes wiederzuentdecken.

(2–3 Minuten Pause)

Du kommst nun langsam ans Ende deines Rundgangs ... Da entdeckst du in dem Raum, in dem du dich gerade befindest, an der hinteren Wand eine kleine, fast nicht sichtbare Tür. Du gehst nun auf die Tür zu ... Tatsächlich, sie läßt sich ganz leicht öffnen und du entdeckst hinter der Türöffnung eine schmale, enge, hölzerne Wendeltreppe, die steil nach oben führt.

Vielleicht bist du neugierig geworden, wohin diese Treppe in deinem Haus führt, und schon beginnst du, sie hinaufzusteigen. Die Hand gleitet über das hölzerne Geländer, und so steigst du sicher empor. Oben angekommen, stehst du in einem Raum voller Bücher, in den durch eine Dachluke Licht herein fällt. Es ist ein uraltes Studierzimmer, in dem alles Wissen der Welt zu finden ist. Während du dich umschaust, entdeckst du auf einem bequemen Lehnsessel einen sehr sehr alten Mann ...

Er lächelt dir gütig und wissend entgegen und sagt zu dir: „Ich freue mich, daß du gekommen bist, ich habe schon auf dich gewartet."

Während du ihn betrachtest, wird dir bewußt, daß dieser liebevolle, wissende alte Mann auf jede Frage antworten kann. Er weiß einfach! Und du entschließt dich und sprichst ihn an:

„Alter, weiser Mann, bitte sage mir, wofür ich auf dieser Welt bin?"

Oder auch: „Welchen Sinn hat mein Leben?"

Während du nun in die Stille lauscht, kommt eine Antwort zu dir.

Sie kann auf die vielfältigste Art und Weise zu dir kommen, und du mußt sie auch noch nicht gleich verstehen. Vielleicht siehst du ein Symbol oder ein Wort, vielleicht hörst du innerlich eine Stimme oder du weißt mit einem Male einfach die Antwort. (2 Minuten Pause)

Der alte Mann nickt dir nun noch einmal freundlich zu und du verabschiedest dich von ihm ...

Behutsam steigst du die Wendeltreppe wieder hinab und schließt die kleine Tür ganz sorgfältig hinter dir.

Du gehst nun wieder durch das Haus bis zur Eingangstür und verläßt hiermit diesen inneren Raum deiner Seele ...

Nimm dann mit dem nächsten Einatem die Arme über den Kopf und reck und dehn dich nun nach Herzenslust, vielleicht gähnst du auch einmal kräftig und bist dir bewußt, daß du wieder ganz hier bist. Vielleicht bleibst du noch einen Moment in der Stille, um dem Erlebten nachzusinnen. Überlege, in welcher Form du die erhaltene Antwort festhalten und sichtbar machen könntest, indem du dir vielleicht etwas aufschreibst, dir ein Wort schreibst, ein Zeichen oder Symbol zeichnest oder malst oder auch ein Objekt, das du hast oder suchst, zum Träger dieses Inhaltes machst. Entscheide dich, wie lange dieses Erinnerungszeichen dich begleiten soll.

4. Verschenken ...

Wir möchten Ihnen hier eine ganz einfache, aber sehr wirkungsvolle Übung zum unmittelbares Erleben von Sinn, Schönheit und Wert anbieten:

Sie können diese Übung mit **einem Lächeln**, mit **Ihrer Sprache** oder z. B. **mit Blumen** machen. Sie gehen hierfür entweder auf die Straße, in ein Krankenhaus, in ein Amt o. ä.

Sie sprechen eine Ihnen unbekannte Person an und sagen etwas Schönes über die andere Person. Oder Sie lächeln einfach jemand spontan und herzlich an. Oder Sie schenken einer unbekannten Person eine Blume und sagen einfach dazu, daß Sie ihr damit eine Freude machen möchten.

Fühlen Sie sich am Anfang zu schüchtern oder gehemmt, können Sie ja an Ihrem Arbeitsplatz oder bei Freunden beginnen.

5. 24 Stunden am Tag nur JA-sagen, also: keinen Widerstand leisten

Wie oft am Tag leisten wir Widerstand? Sagen: „Oh je, das doch nicht! Warum muß das jetzt so sein. Ich will das nicht. Nein, davor habe ich Angst oder das kann ich nicht ..."

Probieren Sie einmal einen Tag lang innerlich mit einem JA zu leben. JA zu dem, was Ihnen am Tag begegnet: JA, ich gehe jetzt zur Arbeit oder sorge für die Familie. JA, wenn Sie im Stau stehen oder im Supermarkt an einer Schlange warten. JA, egal ob es regnet oder die Sonne scheint. JA zu ihrem Körper, egal wie Sie sich heute mit ihm fühlen.

JA zu ihren Gefühlen, egal ob Sie sich heute schwer und traurig oder zornig oder auch leicht und kraftvoll fühlen. JA dazu, das Essen vorzubereiten, JA zum putzen, JA zu den Menschen, die Ihnen heute begegnen.

Beobachten Sie, wie Sie den Tag verbringen, wenn Sie ihn mit einem inneren JA leben. Was verändert sich? Verändert sich überhaupt etwas oder hat es keinen Einfluß auf ihren Tag? Welches sind Ihre Erfahrungen?

JA-sagen – ein Erfahrungsbericht

Den ersten JA-Tag lege ich mir in die Ferien. Klar, das ist sehr viel leichter, als es im Alltag, mit all seinen Mühen und Widerständen, zu probieren – aber warum mir nicht einen leichten Beginn für diese Übung suchen?

Als ich morgens aufwache, regnet es. Der erste Impuls: „Scheiße, ich wollte doch heute an den Strand, mich in die Sonne legen, nochmal Sonne tanken vor dem Winter. Dann fällt mir ein, daß ich ja heute meinen JA-Tag habe. Also: „O.K. es regnet – was kann ich dann Schönes machen? Ich bleibe erstmal im Bett, hole mir einen Tee und mein Buch. Ich verkrieche mich eine Stunde in mein Buch und genieße die Wärme des Bettes. Ein Regentag – also nach innen gehen, zu mir kommen und nicht nach draußen. Ich schreibe Tagebuch, bis ich dann Hunger bekomme und ausgiebig und genüßlich frühstücke. Es regnet noch immer – sonst ein Grund, depressiv und schwermütig zu werden, das Gefühl zu haben, daß das Wetter gegen mich ist. Immer gegen mich ist, wenn ich in den Ferien bin. Aber es ist mein JA-Tag. Was kann ich tun? Ich setze mich an den Schreibtisch und arbeite etwas, das viel Freude macht. Langsam dann, am Nachmittag, klart sich das Wetter auf, und ich mache einen langen Spaziergang. Ich begegne der Natur mit einem JA. JA zu dieser Landschaft, zur Sonne, die sich durch die Wolken kämpft, JA zu den kurzen Regenschauern, JA zu der Weite des Blickes. Bei manchem fällt mir das JA sehr schwer, bei manchem ganz leicht. JA zu den Menschen, die mir am Strand begegnen, wodurch ich dann auch eine sehr schöne Begegnung habe. JA zu der Kälte des Meeres beim Baden.

Als ich am Abend wieder zu Hause, in meiner Einsamkeit bin, überfällt mich Traurigkeit und Schwere. Zuerst wehre ich mich dagegen, aber dadurch wird sie eigentlich immer schwerer, dann erinnere ich mich, daß heute mein JA-Tag ist und beginne, auch zu der Traurigkeit und Einsamkeit JA zu sagen. JA, ich bin traurig, JA, ich weine laut und halte mich im Arm. Ja, warum ist Traurigkeit eigentlich „schlechter" als Freude. Wenn ich JA zu ihr sage, verliert sie an Schwere und bedrückendem Gewicht. Auch sie ist gut und gehört zu mir. Vom Weinen müde, aber auch bei mir angekommen, kann ich zu diesem Tag JA sagen mit all seiner Schöne und Schwere. Das JA hat mir heute ein ganz anderes Lebensgefühl gegeben. JA zu sagen heißt für mich nicht, immer „gut drauf, immer fröhlich" zu sein, sondern vielmehr mich mit allem, was ist, anzunehmen und auch besser für mich zu sorgen. Es gibt mir ein gutes Lebensgefühl – nur warum lebe ich es eigentlich so wenig!"

*

Freude: die Bereitschaft, sich mit ungeteilter Aufmerksamkeit dem zuzuwenden, was ist.
Verfasser unbekannt

3 SICH SELBST WERDEN
Von der Individuation

Unser Lebensweg ist nie
vorgegeben. Er entsteht,
indem wir ihn gehen.
Und es gibt einen Weg, den
keiner geht, wenn ich ihn
nicht gehe.

Ernesto Flammer

„Ich hatte kein leichtes Leben. Wir waren Flüchtlinge, mein Vater starb, als ich drei Jahre war, und meine Familie hat sehr zusammenhalten müssen. Da ich selber keine weiteren Kinder bekommen konnte und meine Schwägerin arbeiten gehen mußte, habe ich meinen Neffen noch halb mit aufgezogen. Ja, ich hab viel arbeiten müssen im Leben, aber wissen Sie, ich hatte immer das Gefühl, das paßt zu mir. Ich fühlte mich sinnvoll und hatte ein erfülltes Leben. Ja, ich hatte es schwer, aber ich habe damit auch viel in meinem Leben geschenkt bekommen. Im Alter haben wir dann noch wunderschöne Reisen gemacht. Das hatten wir uns immer gewünscht: die Welt kennenlernen … Es war nun nicht mehr die weite Welt", Frau Odel lächelt versunken, *„aber wir haben England und Frankreich gesehen.*

Vor einem Jahr habe ich dann noch einen Urenkel bekommen. Ich hatte damals schon den Krebs, und dann hab ich zum Herrgott gesagt: Einen Urenkel, den möcht ich noch, da laß mich nicht vorher sterben. Dann kam also der Moritz mit seinen schönen blauen Augen auf die Welt. Es ist zwar schade, daß ich nun nicht mehr erlebe, wie er größer wird, aber ich denke, ich kann nun langsam die Augen schließen und zu meinem Karl gehen."

Im Gedanken an Frau Odels Schicksal und Leben hatten wir immer das Gefühl eines tiefen Einverständnisses, das sie mit ihrem Leben hatte. Bei allen Pflichten und Lasten hatte sie das Gefühl, *sich selbst gemäß zu leben.* Auf eine schlichte Art und Weise strahlte sie Tiefe und Reife aus. Sie konnte das Leben lassen, loslassen, weil es sich für sie erfüllt hatte und sicherlich auch deshalb, weil sie sich in einer ihr gemäßen Form der Religiosität geborgen fühlte und das Vertrauen hatte, mit ihrem Tod zu ihrem Schöpfer zurückzukehren. Antoine de Saint-Exupèry sagt dazu: „*Wir können nur dann in Frieden leben und in Frieden sterben, wenn wir uns unserer Rolle ganz bewußt werden, und sei diese auch noch so unbedeutend und unausgesprochen. Das allein macht glücklich. Was aber dem Leben Sinn verleiht, gibt auch dem Tod Sinn.*"

Die Frage nach der Zufriedenheit mit dem eigenen Leben beschäftigt Menschen immer wieder. Es ist die Frage nach der *Autentizität* der eigenen Person, der Lebenssituation, der Menschen im Lebensumkreis und der Aufgaben. Gerade in Zeiten der Unzufriedenheit, der Krisen und vermeintlichen Rückschläge stellen wir Fragen an die Wahrhaftigkeit unseres Lebens:

– Wer bin ich?
– Wie ist mein Leben, wie war mein Leben bisher?
– Mit was kann ich zufrieden sein und womit bin ich unzufrieden?
– Wo habe ich das Empfinden, noch innere oder äußere Defizite, Unzufriedenheiten und Mangelgefühle zu haben?
• auf der materiellen Ebene?
• auf der intellektuellen, mentalen, wissensmäßigen Ebene?
• auf der seelisch-emotionalen Ebene?
• auf der körperlichen Ebene?
• auf der personalen, wesensgemäßen Ebene?
• auf der religiösen, geistig-spirituellen Ebene?

Im Kontakt mit der Tiefe unserer Person, in der Verbundenheit mit unserem Wesen werden wir klare Antworten auf diese Fragen finden.

Viele von uns leben ein Leben, in dem wir nur selten innehalten, um uns solchen oder ähnlichen Fragen zuzuwenden. Und obgleich wir wissen, daß es hier ganz um uns selbst geht, obgleich wir hier Fragen berühren, die mit unserer *tiefsten Zufriedenheit* und *dem Erleben von Sinnhaftigkeit* zu tun haben, scheuen wir uns oft, in diese Bereiche tief und aufrichtig hineinzuschauen. Vielleicht fällt uns das deshalb so schwer, weil wir unbestimmt fühlen, daß wir, wenn wir diese Fragen ernst nehmen, das heißt *wichtig und wert nehmen*, einiges in unserem Leben ändern müßten. Wir erleben dann, daß wir an keinen anderen die *Verantwortung für unser Leben* abgeben können, sondern wir selbst über das Wie unseres Lebens bestimmen. Wenn wir uns auf ein Leben in dem Bewußtsein unserer Sterblichkeit einlassen, wird uns die Konsequenz einer „uneigentlichen" Lebenshaltung immer deutlicher werden. Die konsequente Frage, die wir uns stellen müssen, heißt:

– Habe ich mein Leben mir gemäß gelebt?
– Habe ich mein Leben so verbracht wie ich ahne, daß es mein persönlicher Auftrag war?
– Oder habe ich die Wünsche anderer Menschen erfüllt? Vielleicht die Erwartungen meiner Eltern oder Lebenspartner?

Häufig schieben wir diese Fragen auf, verdrängen sie, weil wir mit dem Strom der Welt mithalten wollen. Sie werden oft erst mit der zweiten Lebenshälfte oder mit der Erschütterung durch den Tod präsent und oftmals sehr bedrängend in unserem Leben.

All diese Fragen haben mit dem Thema der Individuation zu tun. Es geht hier um den *Wesenskern* des Menschen. *Unsere menschliche Existenz unterliegt einem Prozeß der Selbstwerdung.* Wir können erkennen, daß es eine Kraft in uns gibt, die uns antreibt, vollständiger, weiter, größer, umfangreicher und reifer zu werden.

„Jeder Mensch aber ist nicht nur er selber, er ist auch der einmalige, ganz besondere, in jedem Fall wichtige und merkwürdige Punkt, wo die Erscheinungen der Welt sich kreuzen, nur einmal so und nie wieder. Darum ist jedes Menschen Geschichte wichtig, ewig, göttlich ... Das Leben jedes Menschen ist ein Weg zu sich selber hin, der Versuch eines Weges, die Andeutung eines Pfades. Kein Mensch ist jemals ganz und gar er selbst gewesen; jeder strebt danach, es zu werden, einer dumpf, einer lichter, jeder wie er kann. Jeder trägt Reste von seiner Geburt, Schleim und Eischalen einer Umwelt, bis zum Ende mit sich hin" (Hermann Hesse, *Demian. Gesammelte Werke in 12 Bänden, 5. Band, Suhrkamp Taschenbücher, Frankfurt a. M. 1970).*

Diesem Wachstumsstreben hin zu der *Person, als die wir gemeint sind,* steht eine andere Tendenz unserer menschlichen Existenz ent-

66

gegen. Als Menschen in dieser Welt, in der wir zu leben und zu überleben haben, lernen wir zu kämpfen, uns durchzusetzen, unseren
Platz zu behaupten, unsere „Sicherheit" zu festigen und zu verteidi-
gen. Wir haben das Streben, wichtig, bedeutsam und mächtig im gesellschaftlichen Zusammenhang zu sein. Wir unterdrücken und ver-
neinen häufig die Stimme, die uns aus unserer Wesensmitte heraus
drängt und zu einer tieferen Selbstwerdung aufruft .

Beide Richtungen der Ausfaltung, die der Individuation, die einer
größeren, höheren Ordnung entspricht, und die der Entfaltung eines
erfolgreichen „Welt- Ichs" in Harmonie und Einklang miteinander zu
bringen, ist vielleicht die schwierigste Aufgabe, vor die sich der
Mensch gegenwärtig gestellt sieht.

Wer bist du?

*Eine Frau lag im Koma. Plötzlich hatte sie das Gefühl, sie käme in
den Himmel und stünde vor dem Richterstuhl.*

*„Wer bist du?", fragte eine Stimme. „Ich bin die Frau des Bürger-
meisters", erwiderte sie. „Ich habe nicht gefragt, wessen Ehefrau du
bist, sondern wer du bist." – „Ich bin die Mutter von vier Kindern." –
„Ich habe nicht gefragt, wessen Mutter du bist, sondern wer du
bist." – „Ich bin Lehrerin." – „Ich habe nicht nach deinem Beruf gefragt, sondern wer du bist."*

*Und so ging es weiter. Alles, was sie erwiderte, schien keine be-
friedigende Antwort auf die Frage zu sein: „Wer bist du?" – „Ich bin
eine Christin." – „Ich fragte nicht, welcher Religion du angehörst,
sondern wer du bist."*

*„Ich bin die, die jeden Tag in die Kirche ging und immer den Ar-
men und Hilfsbedürftigen half." – „Ich fragte nicht, was du tatest,
sondern wer du bist".*

*Offensichtlich bestand die Frau die Prüfung nicht, denn sie wurde
zurück auf die Erde geschickt. Als sie wieder gesund war, beschloß
sie, herauszufinden, wer sie war. Und darin lag der ganze Unterschied* (Anthony de Mello, Warum der Schäfer jedes Wetter liebt.
Herder, Freiburg 1992, S. 56).

Häufig ist es so, daß erst die Zeiten der Krise, des Scheiterns, des
Verzichtes und des Abschiednehmens uns wieder zurück zur Aufgabe der Selbstfindung führen.

Allein mit unserem eigen Willen ist diese Form der Selbstwerdung allerdings nicht machbar. Unser innerster Wesenskern ist uns über das rein analytische Denken, den rationalen Intellekt, nicht erreichbar. Es bedarf da des Lauschens, manchmal des Aushaltens der Dunkelheit und der Verzweiflung, und der Geduld, daß wir von der leisen Stimme des Inneren Impulse bekommen und geführt werden. Das tiefere Sein eines Menschen ist eher etwas, das durch unsere „Weltperson" hindurchscheint. Über Träume und die Sprache der inneren Bilderwelt können wir Zugang zu diesem Wesenskern finden. Manchmal entdecken wir in unserer biographischen Rückschau Impulse, Tendenzen, Wünsche oder Bestrebungen, die eigentlich wesenhaft zu uns gehören, die wir aber durch äußere Zwänge und Lebensnotwendigkeiten unterdrückten oder beiseitegeschoben haben. Für den einen Menschen bedeutet eine solche Anrufung aus dem Wesenskern „größer" zu werden, für den anderen heißt es sich zu begrenzen, einmal kann es heißen, eine soziale Aufgabe zu übernehmen, und ein andermal kann es sein, daß ich sie zu verlassen habe. Manche Menschen haben Talente auszuarbeiten, und andere haben endlich ganz ja zu sagen zu dem, was sie ohnehin, aber mit Widerwillen, machten. Für einige heißt es, alles, was bisher ihr Leben erfüllte und ausmachte, weiterhin zu tun, es aber in einer ganz anderen inneren Haltung, in einem anderen inneren Geiste zu tun. Es kann für jeden Menschen etwas absolut anderes bedeuten, und zu verschiedenen Zeiten mögen die Aufträge sich immer wieder wandeln. Die Gewißheit darüber, was es sein kann, kann nur aus der inneren Weisheit kommen, wenn wir bereit werden, dieser „stillen Stimme" zu lauschen und ihr zu gehorchen.

Ein Mann setzt sich sehr intensiv mit dieser Frage auseinander: *„Der Tod meiner Schwester führte mich zu der Frage, die mich sehr bedrängte: Was will ich eigentlich in meinem Leben? Wer bin ich? Was macht mich denn eigentlich glücklich? Darf ich nach meinem eigenen Glück fragen? Ich stand vor der Frage: Wer bin ich eigentlich? Bin ich wirklich derjenige, der ein Unternehmen leitet und sich mit Finanzierungen und Rechtssprechungen auseinandersetzt? Aber wenn nicht das – wer bin ich dann? Wer bin ich, wenn ich mich nicht mehr über die Arbeit definiere? Oder darüber, wie nützlich und wie wichtig ich für andere bin. Wer bin ich? Wie bin ich wirklich, ohne die Funktionen und Pflichten? Diese Fragen stürzten* mich in eine sehr schwere Krise, in der ich mich noch einmal mit mir, mit meiner Kindheit und meinen Prägungen auseinandersetzen mußte. Es war für mich ein dunkler Weg, auf diese bedrängenden Fragen Antworten zu finden, die ich ohne Hilfe nicht gefunden hätte. Ich glaube, daß ich mich auch jetzt noch nicht gefunden habe, aber sehr viel mehr von mir kenne und mich nicht mehr so einseitig über die Arbeit definiere. Ich habe immer nur die Pflichten gelebt, aber ich, der Herbert, ich selbst, ich kam viel zu kurz. Der Herbert, der freudig sein kann, der am liebsten auf dem Wasser ist, der gerne eine Weltreise machen würde, der gerne mit Freunden zusammen ist und das einfache Leben genießt. Was sammle ich soviel Geld an, wo ich selbst doch eigentlich viel einfacher leben möchte und ich mich in einem solchen Umfeld viel wohler fühle. Ein Traum von mir ist es, die Unternehmensführung abzugeben und Schiffe auszubauen. Ich liebe es, mit meinen Händen zu arbeiten, zu sehen, wie etwas entsteht, und ich arbeite auch gerne allein vor mich hin. Ja, in diesen Momenten kann ich mich selbst gut spüren, da weiß ich: Das bin ich zutiefst. Das andere, die Unternehmensführung, das ist O.K., aber da ist mein Herz nicht leidenschaftlich dabei, da liegt nicht meine Einzigartigkeit."

Wie ist es Ihnen beim Lesen gegangen? Wie arbeitet die Frage in Ihnen: Wer sind Sie selbst? Kennen Sie Tätigkeiten, Erfahrungen, bei denen Sie genau spüren: Das bin ich zutiefst? Und geben Sie sich genug Raum hierfür? Was machen sie in ihrem Alltag, wo Sie das Gefühl haben: Das bin ich eigentlich nicht? Könnten Sie sich erlauben, die Tätigkeit anders zu machen, so daß sie Ihnen mehr entsprechen würde, ihr Wesen dabei mehr rauskommen könnte?

Und: Wenn Sie sich vorstellten, Sie hätten alle Freiheit der Welt, was würden Sie dann tun? Welche Wünsche, Träume kommen in Ihnen hoch? Nicht, das Sie dies jetzt gleich tun sollten, aber wenn wir uns immer wieder diese Frage stellen, bekommen wir mehr Information darüber, wer wir eigentlich sind, was wir eigentlich gerne tun würden, wonach wir uns wirklich sehnen. Aus diesen Impulsen können wir lernen, können manches in kleinen Schritten verändern.

Auf dem Weg der Individuation geht es auch darum, daß wir die dunklen Teile unseres Selbst anerkennen und um sie wissen. Häufig versuchen wir sie wegzudrängen, und sie ärgern und stören uns dann

bei den anderen. So erlebt eine Frau wenige Tage vor ihrem Tod:
*„Wissen Sie, ich bin jetzt froh. Das klingt zwar komisch, aber ich
kann jetzt endlich schimpfen und mich wehren. Gestern habe ich
mit meinem Mann geschimpft und dann auch auf Gott. Ja, ich hab
beinahe angefangen zu fluchen, weil mir diese ganze Krankheit und
das Sterben auf die Nerven geht. Früher hätte ich das nie gewagt. Ich
hab mich immer nur über die Leute aufgeregt, die so kräftige Wörter
benutzen und dachte immer: ‚Nein, ich werde nie so reden, wie
kann man nur!' Aber jetzt merke ich, wie gut mir das tut. Jetzt kann
ich es mir erlauben, weil ja doch alles egal ist, und es befreit so
himmlisch, nicht immer anständig sein zu müssen. Da mußte ich so
nah an mein Sterben kommen, um mir das zu erlauben! Aber ich
hab es wenigstens noch erfahren, und darüber bin ich verdammt
froh. Und obwohl ich so schwach bin, fühle ich mich ganz stark."*

Mögen Sie sich fragen, welchen Teil von ihrer Person Sie noch gar
nicht kennen? Eine gute Hilfe, um verschüttete Seiten in sich aufzu-
spüren, ist nachzuforschen: Was ärgert mich eigentlich an anderen?
Wodurch gerate ich in Rage, wo es eigentlich nicht angemessen ist?
Lebt dieser Mensch vielleicht eine Seite von mir, die ich nie wagen
würde zu leben, weil ich zu angepaßt, zu ängstlich, zu anständig
oder auch zu aggressiv und rebellisch bin?

Diese Fragen können Ihnen einen Impuls geben, zu Ihren Reaktio-
nen auf andere Menschen hinzuspüren. Sie können dadurch die verschiedenen, oft auch verborgenen Seiten in sich mehr kennenlernen.
Martin Buber sagt sehr treffend: *„Der Mensch wird am Du zum Ich."*
Möglicherweise ist es so, daß wenn wir die Gegenpole in unserem
Leben eher mit einbeziehen, sie dann weniger im Sterben aus uns
hervorbrechen. Wir kennen uns dann ganzheitlicher.

Ich wollte noch ganz ich selber werden …
*Unter den niedrigen, schattenspendenden Tamarindenbäumen
liegt Christel auf einer einfachen Liege mit einer leichten Wolldecke
bedeckt und einem bequemen Kissen im Nacken. Sie hält die Augen
geschlossen und scheint dem vielfältigen Gezwitscher der Vögel in
den Bäumen zu lauschen.*
*Christel ist zweiundvierzig Jahre alt. Sie ist unter schwierigsten
Umständen hierher auf eine der Kanarischen Inseln geflogen. Es gab
Schwierigkeiten, da es lange niemanden gab, der sich zutraute, als*

Begleitperson mitzugehen, und es gab Schwierigkeiten mit der Fluggesellschaft, die sie in diesem Zustand nicht mitnehmen wollte. Ihr Zustand? Christel hat Krebs im Endstadium. Die Arme und Beine sind so mager, daß sie Mühe hat zu gehen und das Gleichgewicht zu halten. Der Bauch wölbt sich zu einer erschreckenden Dimension … die Metastasen, wie Christel weiß. Das Gesicht ist quittegelb, und an manchen Tagen, den schlechteren Tagen, ist es auch das Weiß der Augen. Der Gesichtsausdruck ist fast immer ernst und in sich geschlossen. Menschen, die es wagen, sie genauer zu betrachten, sehen vielleicht eine große Schönheit und Klarheit in ihren abgezehrten Zügen. Wenn sie lacht, werden makellos schöne Zähne sichtbar.

Christel hat ihren Mann mit den drei kleinen Kindern verlassen. Wenn sie von ihnen erzählt, hat sie Tränen in den Augen. Sie sagt von sich: „Ich mußte das tun. Ich weiß, daß das kaum jemand versteht. Ich fühle mich auch schuldig. Und trotzdem, ich hatte das Gefühl, noch mein ganz eigenes Leben leben zu müssen."

Wenn Christel redet, spricht sie knapp und genau, und man hat das Gefühl, daß jedes Wort aus einer vertieften Wahrhaftigkeit kommt. Wenn es nichts Besonderes zu sagen gibt, schweigt sie. Oft sitzt sie bis tief in die Nacht hinein in eine Wolldecke gekuschelt auf ihrem Balkon und hört Musik von Mozart. Die Töne klingen eigenartig schön und unwirklich unter dem südlichen Sternenhimmel.

Zurückgekehrt von ihrem letzten Urlaub, mietet Christel sich eine leerstehende schöne Wohnung. Sie denkt nicht ans Geld, und nur wenige, einfache Möbel reichen aus. Sie ist nicht zu ihrer Familie zurückgekehrt. „Ich muß das tun", sagt sie ganz klar. „Ich möchte noch ganz zu mir kommen und ganz ich selber werden, und dazu brauche ich viel Ruhe." Hin und wieder kommen die Kinder sie besuchen.

An Weihnachten will die Familie für ein bis zwei Stunden beisammen sein. Christel ist aber so erschöpft, so daß der gemeinsame Abend sich auf eine knappe Stunde reduzieren muß. „Ich wollte Weihnachten so gerne noch erleben", sagt sie. Dann kommen zwei Tage lang sehr starke Schmerzen. Christel kämpft, ohne Schmerzmittel auszukommen, dann nimmt sie doch Morphin. Sie ist nun ruhig und gelassen wie jemand, der alles erledigt hat. Am 28. Dezember stirbt Christel. Es ist ein schneller und leichter Übergang.

Manchen Menschen eröffnet sich erst in der Zeit einer ernsthaften Erkrankung und in der Zeit des Sterbens der Zugang zu diesem innersten Wesenskern, zu dem – was ich in Wahrheit bin. In solchen Zeiten fallen die Einengungen und Forderungen, die uns durch das Berufsleben, die Familie, die Gesellschaft usw. scheinbar auferlegt sind, ab. Wir sprechen hier von den vermeintlichen Einengungen, weil es dann häufig geschieht, daß wir erkennen, daß wir uns wesentlich mehr angepaßt und fremdbestimmt verhalten haben, als es in Wahrheit hätte sein müssen.

Auf die eine oder andere Weise hinterläßt jeder Sterbende einen solchen Impuls zur Selbstwerdung, zur Ganzwerdung .

Wenn wir den Tod ernst nehmen, uns diesem Wissen verpflichten und uns zu einem Leben der *steten Verwandlung* aufrufen, können wir erfüllt, das heißt lebendig und offen, leben.

In jedem steckt ein Bild,
des, was er werden soll.
Solang er das nicht ist,
ist nicht sein Friede voll.
Angelus Silesius

Wenn Sie das vorausgegangene Thema im Erleben für sich selbst vertiefen möchten, bieten wir Ihnen folgende Impulse zur eigenen Auseinandersetzung an:

1. Ausstellung von Barschecks

Stellen Sie sich vor, Sie bekommen drei offene Barschecks geschenkt. Diese drei Schecks werden Ihnen Zugang zu einem Vermögen verschaffen, das auf ihrem „inneren Konto" für Sie eingerichtet wurde.
Sie haben Zugang zu drei „ Vermögensebenen":
Es ist das Guthabenskonto: *des Körpers.*
Es ist das Guthabenskonto: *der Seele, der Emotionen oder Gefühle.*
Es ist das Guthabenskonto: *des Geistes.*

Stellen Sie sich nun drei Schecks aus und versprechen Sie sich selbst, diese innerhalb von vier Wochen einzulösen.
(Sie fragen sich, was Sie denn von ihrer Bank „abheben" sollen? Es geht hier um eine Erlaubnis, ein Geschenk an sich selbst.)

Zahlen Sie bitte gegen diesen Scheck

---

an

Datum

Unterschrift

(Ich schenke mir zum Beispiel: für meinen Geist mir jeden Tag zehn Minuten Stille zu gönnen, für meinen Körper einen ausgiebigen Sauna- und Wellneßtag und meiner Seele einen Ausflug mit meiner besten Freundin.)

2. „ICH BIN"

Eine Meditation zur Überwindung des Getrenntseins.

Setze dich bequem hin und entspanne dich.
Spüre dich nun, deine Individualität, deine Person, dein EGO.
Spüre dich so intensiv, wie es dir möglich ist.

Atme nun bewußt und tief in dich hinein, genieße jetzt ganz bewußt dein Ich, dein Ego und denke:

ICH   BIN   ICH

Spüre nun in dir, daß du bist, daß du einmalig, einzigartig und unverwechselbar bist, erlaube dir ganz genau zu spüren, wie sich das anfühlt.

Denke beim Einatem: Ich bin ich und auch wieder beim Ausatmen: Ich bin ich.
Wohin gehen deine Gedanken? Wehren sie sich dagegen?
Beobachte deine Gedanken und Gefühle wie ein Außenstehender.
Kannst du deine Gefühle und Gedanken immer wieder loslassen und zum „ich bin ich" zurückkehren?

Schließe die Übung ab, indem du wieder ganz zum Bewußtsein deines Atems zurückkehrst.

3. Umkehrübung

Wir alle sind von Vorstellungen und Bildern geprägt, und wir alle neigen dazu, diese Bilder als Wirklichkeit zu interpretieren. Wenn wir an diesen Phantasien über uns festhalten, begrenzen wir uns selbst und klammern Anteile von uns, die zu diesen Vorstellungen nicht passen, aus. Sie fallen in den „Schatten" einer Person.

Vielleicht haben Sie Interesse, einige dieser Phantasiebilder wieder aus dem Schattenreich zu befreien.

Das können wir durch eine sogenannte Umkehrübung, die uns mit der Zeit zu einer inneren Haltung werden kann. Eine solche Übung kann eine Hilfe sein, aus stagnierenden Lebenssituationen herauszufinden und neue Wege sinnvollen Seins zu entdecken.

Es ist gut, wenn sie sich den nachfolgenden Text wieder auf eine Kassette sprechen oder sich von einer vertrauten Person dazu anleiten lassen.

Setze dich bequem hin und wende dich zunächst der Betrachtung deines Atems zu. Nimm einfach wahr, wie der Atem kommt, dich füllt und wieder geht. Achte darauf, wie sich der Brustkorb und Bauch ausdehnen und wieder zusammenfallen. Erlebe dies für eine Weile, ohne etwas tun zu müssen.

Bitte stell dir nun vor, daß dein Geschlecht wechselt. Wenn du also eine Frau bist, stell dir vor, du wirst zu einem Mann. Stell es dir so genau wie möglich vor, wie verändert sich dein Körper?
Wie fühlt sich das an?
Wie fühlst du dich in deinem neuen Körper?
Wie würde sich dein Leben verändern?
Was gewinnst du und was verlierst du?
Was würdest du als nächstes tun?

Nachdem du mit diesen Vorstellungen gespielt hast, kehre wieder zu deinem eigenen Geschlecht zurück und spüre, wie du dich jetzt fühlst. Vergleiche noch eine Weile im stillen das Erlebnis der beiden Geschlechter.
Könntest du dir vorstellen, dir hin und wieder die Erlaubnis zu geben, das eine oder andere *gute Gefühl* des Gegengeschlechtes zu leben? Was oder wer könnte dir dabei helfen?

Sie können diese Übung mit einer unendlichen Vielzahl anderer Identifikationen machen.

Hier noch einige Anregungen:
Kehren Sie die Rasse, in der Sie derzeitig leben um, also die Hautfarbe und die damit verbundenen anderen Lebensgewohnheiten:

- Die Kultur
- Die Rolle in der Familie
- Ihren Beruf
- Ihre Begabung
- Ihre größte Schwäche usw.

Die Umkehrungen sind eine gute Methode, Ihre verborgenen oder verleugneten Gefühle zu erkennen und wahrzunehmen.

4. Der innere Kritiker

In der folgenden Übung können Sie Schicht um Schicht frembestimmte Anteile ihrer selbst abtragen und immer tiefer der wahren Person, die Sie jetzt sind, begegnen.

Sie werden vielleicht den Stimmen ihrer Kindheit in sich selbst begegnen, die bestimmte Dinge von ihnen wollen, wünschen oder fordern und die eigentlich Ihrem inneren Wesen nicht entsprechen und die Sie unter Umständen in ein enges Korsett von „du sollst und du sollst nicht" – „du mußt", also den sogenannten „Überichforderungen" pressen.

Machen Sie sich bewußt, daß diese Prägungen schon Jahrzehnte in Ihnen sind und Sie sich davon nicht gleich schnell und radikal befreien können oder müssen (wieder so eine Überichforderung). Alleine, daß Sie diese Übung vielleicht hin und wieder einmal machen, wird Sie verändern, das heißt, ein wenig von alten Mustern befreien und Sie tiefer zu sich selbst führen.

Stellen Sie sich vor, Sie sitzen sich selbst gegenüber und betrachten sich in einem Spiegel. Beobachten Sie innerlich ganz entspannt und aufmerksam ihr Spiegelbild.

Was haben Sie an?

Wie sitzen Sie da?

Wie ist Ihr Gesichtsausdruck? usw.

Nun kritisieren Sie dieses Ebenbild schonungslos. Seien sie absichtlich hart und streng mit sich selber! Erzählen Sie nun auch ihrem Spiegelbild, was es tun oder lassen sollte!

Lauschen Sie dabei auf den Ton Ihrer inneren Stimme, und gestatten Sie sich zu empfinden, wie Sie sich bei all dem fühlen.

Tauschen Sie nun imaginär den Platz mit Ihrem Spiegelbild, und antworten Sie auf all die kritisierten Punkte!

Was antworten Sie? Wie ist der Ton Ihrer Stimme?
Tauschen Sie nun wieder die Rolle, und seien Sie wieder der strenge Kritiker.

Tauschen Sie nun noch einmal die Rolle des Spiegelbildes und nehmen Sie wahr, wie Sie antworten und wie Sie sich fühlen.

Dehnen Sie diesen Dialog einige Minuten aus.

Sitzen Sie dann still da, und überdenken Sie den inneren Dialog.

Wahrscheinlich sind Sie in Berührung mit zwei Anteilen von sich selbst gekommen. Diese Anteile sind ohnehin immer im Dialog und Widerstreit miteinander. Möglicherweise mußten Sie auch feststellen, daß der „Kritiker" schon seit langem die Oberhand gewonnen hat und der andere Ich-Anteil ganz kleinlaut geworden ist. Oftmals fühlt sich der Kritiker stark, sicher und im Recht. Wir begegnen in ihm den Stimmen der Eltern, anderer Familienangehöriger oder Lehrern.
Der andere Teil ist das innere Kind, schüchtern, ängstlich oder manchmal auch aufmüpfig, aber oftmals hinter aller vermeintlichen Stärke hilflos und schwach. Vielleicht erinnert Sie die kritisierende Stimme auch an bestimmte Personen in der Gegenwart wie zum Beispiel Partner, Freunde, Arbeitgeber usw.

Machen Sie sich nun klar: *All diese Stimmen sind Stimmen in mir.* Alles in diesem Dialog geschieht in **konflikthaften Dialogen von Anteilen meiner selbst.**

Wenn ich verstehen lerne, daß diese Konflikte in mir selber stattfinden, werde ich frei sein zu fühlen, was *ich fühle* und zu fühlen, *was ich tun will, und ich kann wirklich erkennen, wer der andere ist, ohne meine inneren Stimmen auf ihn zu projizieren.*

Die Loslösung von diesen „ Stimmen" in uns besteht darin, sie erst einmal als in uns und nicht bei dem anderen wahrzunehmen. Im zweiten Schritt kann ich mich dann entscheiden, die Verantwortung für **mich, für meine Identität** zu übernehmen und zu wählen.

5. Wer bin ich?

Wie schnell antworten wir auf diese Frage mit unserem Namen, mit unserem Beruf oder mit uns typischen Eigenschaften. Aber sind wir das alles? Und nur das?

Eine gute Möglichkeit, sich mit dieser Frage vertieft zu beschäftigen, ist die folgende, die Sie am besten eine Woche lang durchführen: Legen Sie sich jeden Abend mit der Frage: „**Wer bin ich?**" ins Bett. Versuchen Sie, mit dieser Frage einzuschlafen. Gleich nach dem Aufwachen am Morgen schreiben Sie drei Seiten lang immer wieder Antworten auf diese Frage. Versuchen Sie gleich nach dem Aufwachen zu schreiben, also ohne vorher aufzustehen. Es geht nicht darum, daß Sie sich gut ausdrücken, sondern daß die Antworten einfach so kommen dürfen, auch wenn sie scheinbar blödsinnig sind.
Sie werden merken, daß sich Ihre Antworten innerhalb der Woche verändern.

6. Desidentifikationsübung (nach Roberto Assagioli)

Schreiben Sie acht Antworten auf die Frage: Wer bin ich? auf acht verschiedene Karten.

Ordnen Sie danach die Karten, was Ihnen am wichtigsten ist und was weniger wichtig. Die Antworten, die weniger wichtig sind, oben, die, die zentral und bedeutsam sind, unten. Nehmen Sie dann die oberste Karte weg, und spüren Sie einige Minuten nach, wer Sie sind, wenn sie diese Eigenschaft oder Fähigkeit aufgeben.

Wenn Sie dann wieder bereit sind, nehmen Sie die nächste Karte weg, und meditieren Sie wieder darüber, wer Sie ohne dieses Merkmal sind. Nehmen Sie so langsam eine Karte nach der anderen weg. Wer sind Sie ohne diese Karten?

Lassen Sie sich Zeit für diese Übung, und legen Sie dann die Karten nacheinander wieder in die Reihe.

7. Erleben des SELBST

Entspannen Sie sich und spüren Sie *innig, fein und sensibler* hin:

Achte auf das Geschehen deines ATEMS, laß das Geschehen des Atmens einfach zu.

Beobachte, wie der Atem kommt und geht, wie die Wellen am Meer kommen und gehen.

Prüfe genau, ob du es bist, der atmet, oder ob es DICH ATMET, ob du es einfach nur geschehen lassen kannst. Spürst du einen Widerstand. Wenn ja, woher kommt er?

Dein Atem ist die Manifestation des Göttlichen durch dich hindurch. Versuche zu fühlen, ob du dich ihm ergeben kannst, ob du im Vertrauen in ihm ruhen kannst und so das Gefühl des GEFÜHRTWERDENS erleben kannst.

Ist es dir möglich: das ich will aber ... loszulassen und die Gnade des Geatmetwerdens zu genießen?

Vielleicht kannst du dann auch weiter erleben:

ICH   UND   MEIN   ATEM   SIND   EINS

ICH   UND   ER   SIND   EINS

Ich bin Geschöpf und Schöpfer zugleich.

*

Es ist nie zu spät zu sein, was du hättest sein können.
George Eliot

4 DIE VERWANDELNDE KRAFT ERFAHREN
Von der Schwere und dem Dunklen

> Leid tut nur weh, weil du es fürchtest, Leid
> tut nur weh, weil du es schiltst. Es verfolgt
> dich nur, weil du vor ihm fliehst. Du mußt
> nicht fliehen, du mußt nicht schelten, du
> mußt nicht fürchten. Du mußt lieben.
>
> Hermann Hesse, Die Kunst des Müßiggangs

Für jeden von uns gibt es das „Schwere", und doch ist es spontan gar nicht so leicht zu benennen, was es denn ist. Es scheint erst einmal, als sei das Schwere und Belastende für jeden Menschen etwas anderes. Für den einen ist etwas noch lange nicht schwer, an dem ein anderer mühsam zu tragen hat. Die Gemeinsamkeit alles Schweren liegt darin, daß es uns an unsere Grenzen bringt; wir haben das Gefühl: „Das halte ich nicht mehr lange aus, daran gehe ich kaputt, ich kann nicht mehr, das ist zuviel." Wenn wir ganz in die Tiefe schauen, erfahren wir dort das Gefühl des Bedrohtseins. Wir erleben uns vom Schweren bedrängt und erdrückt, wir haben Angst, vernichtet zu werden. Unser Wille und unsere Sehnsucht: „Ich will sein, und – ich will frei sein" werden bedroht. Das „Schwere" drückt uns in die Depression und Resignation oder kann uns aber auch zum Widerstand, zur Aggression bis hin zum Gewalttätigen und Bösen führen.

Das Schwere zeigt sich uns oft auch in unserer Angst: „Ich habe Angst vor dem Unbekannten, vor einer Situation, der ich mich nicht gewachsen fühle; ich fürchte mich vor der Grenze, von der ich glaube, daß ich sie nicht bewältigen, meistern oder schaffen kann."

Gerade in der Auseinandersetzung mit Sterben und Tod begegnen uns viele Ängste:
Da ist einmal die Angst vor dem Sterben: Wie werde ich einmal sterben? Welches Leid werde ich durchschreiten müssen? Werde ich Schmerzen haben? Werde ich vielleicht lange Zeit auf Hilfe von

anderen angewiesen sein? Die Ungewißheit des Geschehens und das Gefühl der Ohnmacht machen uns oft so viel Angst, daß wir den Gedanken daran lieber gleich wieder verdrängen.

Und dann belastet viele auch die Angst vor dem Tod selbst. Was wird danach sein? Wird Gott mich wirklich empfangen, oder werde ich bestraft werden? Gibt es wirklich ein Sein nach dem Tod und wie wird das sein?

Gerade wenn wir uns vielleicht nie intensiver diesen Fragen und Gedanken gestellt haben, sie immer wieder schnell verdrängt haben, wenn sie aufgetaucht sind, lösen sie Angst in uns aus.

Vielleicht mögen Sie sich für einen Augenblick folgenden Fragen zuzuwenden:
- Wovor haben Sie auf der materiell, der physisch-existenziellen Ebene Angst?
- Welche Ängste haben Sie auf der gefühlsmäßigen, seelischen Ebene?
- Welche Ängste haben Sie auf der geistigen, religiösen, spirituellen Ebene? Hierher gehören alle Nöte und Ängste, die mit dem Sinn und dem Wert unserer Existenz, der Welt und der Schöpfung zu tun haben.
- Welche Ängste, die Sie im Leben haben, relativieren sich, wenn Sie an den Tod denken?
Vielleicht lassen Sie sich für diese Fragen auch länger Zeit und entdecken auf diesem Weg Ihnen bisher unbekannte und tiefere Wesenszüge ihrer Person.

„Durch die schwere Erkrankung meiner Mutter mußte ich mich sehr intensiv mit der Angst vor dem Tod auseinandersetzen. Am Anfang war ich wie gelähmt. Es war so unfaßbar, und ich wollte es erst nicht wahrhaben. Ich schob es in eine Ecke meiner Seele, weil es mir viel zu viel Angst machte. Als es ihr dann aber immer schlechter ging, konnte ich nicht mehr vorbeisehen. Ich sprach dann zunächst viel mit meinen Freundinnen und kaufte mir auch Bücher über das Sterben und den Tod. Nach und nach wurde mir die Begegnung mit dem Tod irgendwie vertrauter, nicht mehr so beängstigend und fremd. Wir hatten früher in der Familie auch nie darüber gesprochen. Ich weiß noch genau, wie mein Opa am Abendessen einen Herzinfarkt bekam und tot zusammenfiel. Wir Kinder

wurden schnell zu den Nachbarn gebracht, und danach wurde bei uns in der Familie nie mehr darüber gesprochen. Das Reden und Lesen hat mir viel geholfen. Ich habe daran gesehen, daß nicht alle so verängstigt mit dem Tod umgehen. Und das hat mir Mut gegeben. Jetzt habe ich auch das Gefühl, daß sich dadurch viele Ängste in meinem Leben verändert haben. Sie scheinen mir viel geringer, unbedeutsamer angesichts des Sterbens. Ich wage jetzt auch mehr und ermutige mich, indem ich mir sage: Was hast du denn schon wirklich zu verlieren!"

Vom Umgang mit dem Dunklen und Schweren

Da wir in einer Zeit und Kultur leben, die viele Wege gefunden hat, dem Menschen Schmerzen und starke Belastungen zu mindern oder sogar zu nehmen, haben wir wenig gelernt, mit Schmerzen umzugehen. Die Tabuisierung und weitgehende Ausgrenzung extremer Erscheinungen von Leid und leidvollen Schicksalen verhindern es noch dazu, ein realistisches Bild unserer menschlichen Existenz zu haben. Mit all diesen Verdrängungsstrategien tun wir uns aber am Ende keinen Gefallen. Viele Menschen erleben vielleicht erstmalig bei einer bedrohlichen und schweren Erkrankung ein bitteres Erwachen. Sie müssen erkennen, daß sie sich diese Dimension menschlichen Leidens für sich selber und auch für andere niemals wirklich bewußt gemacht haben. Letztendlich resultieren aus einer solchen illusionären Einstellung dem Leben gegenüber mangelndes soziales Empfinden und Engagement.

Im Laufe der kulturellen Entwicklung hat sich die Einstellung zu dem Schweren und Belastenden der menschlichen Existenz drastisch geändert. Das christliche Ideal betonte die tapfere, ja heroische Einstellung gegenüber dem Schweren und Belastenden.

Die Griechen verstanden den Schmerz und das Leid als ein von den Göttern gesandtes *schicksalsgemäßes Verhängnis, ein Unglück, auf das man ungehemmt reagieren und sich äußern durfte.* Schreien, Stöhnen, Klagen oder das Tanzen wilder ekstatischer Tänze wird auch bei vielen sogenannten Naturvölkern als *Heilmittel* bei körperlichen oder seelischen Schmerzen praktiziert.

„Einmal, vor vielen Jahren, fuhr ich in einem alten klapprigen Bus, der bis auf den letzten Platz besetzt war, von den Höhen der Anden in den Urwald des Amazonasgebietes hinab. Es war eine halsbrecherische Fahrt, die nach Einbruch der nächtlichen Dunkelheit noch deshalb besonders bedrohlich erschien, weil der dahinholpernde Wagen nur noch einen Fährte suchenden Scheinwerfer hatte.

Jeder der Insassen litt auf seine Weise unter Angst und körperlichen Unbequemlichkeiten und Beschwerden. Am Steuer saß ein einheimischer, braunhäutiger junger Mann, der sein halsbrecherisches Fahren mit lautem, melodiösem Singen begleitete und untermalte. Auf der letzten Bank des Busses, dem unbequemsten Platz, den es gab, saß eine Farbige, die etwa von Mitternacht an bis zum Morgengrauen in einen laut stöhnenden Singsang verfiel.

Immer wieder ergossen sich die Kaskaden der Töne von einem lauten Eijeijeijeajei bis zu einem immer leiser werdenden Ojojojajo … Eingelullt in den rhythmischen Singsang des Stöhnens schlief ich trotz des unglaublichen Holperns und Schüttelns, des Aufschlagens und Rutschens in einen seltsam süßen, unbegreiflich erholsamen Schlaf.“

Seit noch gar nicht so langer Zeit, haben Menschen, die sich mit dem Umgang mit Schmerzen beschäftigen, wieder darauf hingewiesen, welche Erlösung und Milderung im *Ausdrücken von Schmerz, Spannung, Angst und Not liegt.*

Unsere Erziehung hat uns in der Regel beigebracht, „still und tapfer" mit dem, was uns belastet und ängstigt, umzugehen. Da gab es unausgesprochen oder direkt Botschaften an uns: „Reiß dich zusammen, heule nicht so laut, sei tapfer, nimm dich nicht so wichtig, sei still." Diese alten angst machenden Botschaften hindern uns, dem, was wir erleben, einen angemessenen Ausdruck zu verleihen. Wir wissen gar nicht mehr, wie lindernd und befreiend der Ausdruck sein kann. Alleine schon das *Ausatmen von Spannungen, von Angst und Schmerz ist ein ganz großes, hilfreiches Mittel.*

Erschwerend kommt dann zumeist noch unser soziales Umfeld dazu. Die Menschen um uns herum halten es meistens nicht gut aus, wenn sie *lautes Weinen, Wehklagen, Schimpfen und Stöhnen* mitanhören müssen. Wenn sie wirklich verstünden, wieviel hilfreicher es für den geplagten Menschen ist, sich auf diese Weise zu befreien, könnten sie selber vielleicht auch leichter damit umgehen. Zumeist verhalten sich die Betreuenden aber eher hilflos, betroffen und ablehnend bis hin zu der Haltung: „Da müssen wir aber unbedingt eine Beruhigungsspritze geben ..." Vermeintlich gutgemeinte Beschwichtigungen und schnell verabreichte Medikamente erwecken in dem Patienten noch dazu das Gefühl, Opfer zu sein und selber keine Möglichkeit zu haben, mit seinen Empfindungen fertig zu werden. Das Dunkle und Schwere will gesehen und gehört werden, es muß heraus und sich verwandeln können, auch alle Auflehnung, aller Haß, alle Empfindungen von Ungerechtigkeit.

Der Weg, die Not auszudrücken, kann manchmal beruhigende Medikamente oder auch Stimmungsaufheller ersetzen. Es ist eine Bewegung auf das Gefürchtete hin; es ist dann möglich, bis in den Kern des Furchtbaren vorzustoßen. Es ist ganz gleich, ob das „Schlimme" Angst, Haß, Ablehnung, Panik, Enge, Wut oder irgendein anderes quälendes Gefühl ist.

Wir möchten Sie zu folgender Übung einladen. Wenn Sie bereit sind, legen Sie bitte nach dem Lesen der Anweisung das Buch zur Seite.
Gehen Sie für ca. 5 Minuten laut stöhnend durch das Zimmer, in dem Sie sich gerade befinden. Machen Sie mit dem starken Ausatmen Laute wie:

A   E   I   O   U

Probieren Sie aus, welcher Laut Ihnen jetzt am angenehmsten ist. Spüren Sie während der Übung den vielleicht verschiedenartigen Gefühlen nach, die Sie erleben.

Es wäre schön, wenn Sie diese Übung immer wieder mal machen würden. Vielleicht finden Sie *Ihren* Laut, der sich auf eine Ihnen eigentümliche Weise zusammensetzt. Wenn Sie sich diese Übung jetzt zu eigen machen, wird sie Ihnen eher vertraut sein und Ihnen helfen, wenn Sie einmal körperlichen oder seelischen Schmerz leiden.

Mit der Zeit werden Sie Erfahrungen sammeln, daß die verschiedenen Laute zu ganz verschiedenen emotionalen Äußerungen in Beziehung stehen und sie passend ausdrücken.

Bei den Indianern gibt es die Tradition des ‚Todesgesanges". So schreibt Stephen Levine:

„Die Indianer entwickelten eine außergewöhnliche Technik für die Vorbereitung auf den Tod. Sie lernten es, sich ihm zu öffnen, indem sie einen Todesgesang verwendeten. Nach dem Eintritt ins Jünglingsalter vollzogen sie die Initiationsriten und gingen allein in die Wildnis hinaus, um sich betend und fastend dem Unbekannten zu öffnen und eine Leitbotschaft für ihr weiteres Leben zu empfangen. Oft erlebten sie eine Vision der Ganzheit, aus der spontan ein Heil- oder Todesgesang entstand, ein Mittel, um bei Gefahr oder in Krisenzeiten den Kontakt mit dem Großen Geist aufrechtzuerhalten. Andere empfingen ihren Todesgesang vom Großvater oder aus einem Traum oder auch aus der Verwandlung in ein Tier, das sie gerade getötet hatten. Es stellte eine jederzeit verfügbare Technik der Zentrierung da, mit der man auch in großer Not ein offenes Herz und einen klaren Geist bewahren konnte. Wenn sie vom Pferd zu stürzen drohten, wenn sie einem wilden Tier gegenüberstanden, wenn sie an einer Lebensmittelvergiftung litten oder von heftigem Fieber geschüttelt wurden, dann kam ihnen der Todesgesang sofort zu Bewußtsein. Er wurde ein Teil ihrer selbst und stand in einer Notlage jederzeit zur Verfügung. Er machte sie mit dem Unvertrauten, mit dem Tod vertraut" (Stephen Levine, Wer stirbt. context-Verlag 1991, S. 44).

Eine anderer sehr hilfreicher Umgang mit Schmerzen, Ängsten, ja ganz allgemein mit dem Dunklen und Schweren ist die Methode, den Schmerz zu erkunden.

Je nachdem, was es ist, das Sie beschwert, nehmen Sie gerade das, wovor Sie am liebsten weglaufen möchten, das, was Sie gerade am liebsten meiden und weg haben möchten, ins Zentrum Ihrer *betrachtenden, erforschenden Aufmerksamkeit, vielleicht ihre Angst vor dem Sterben oder dem Tod.*

Untersuchen Sie den Schmerz, die Angst …

Versuchen Sie den Ort, an dem sich das Gefühl befindet, genau herauszufinden.

Handelt es sich um ein oder mehrere Gefühle?

Wie fühlen sie sich genau an?

Beschreiben Sie sich die erlebten Empfindungen ausführlich und liebevoll.

Dringen Sie vorsichtig bis zum Zentrum Ihres Gefühls vor.

Lenken sie Ihren Atem sanft und behutsam in das Zentrum des Gefühls.

Öffnen Sie sich der Intensität des Empfindens.

Erlauben Sie dem Schmerz, da zu sein.

Versuchen Sie, die äußeren Zonen des Schmerzes, der Angst usw. weicher zu machen.

„Als ich neulich so starke Kopfschmerzen hatte, habe ich nicht gleich eine Tablette genommen, sondern mich erst mal aufs Bett gelegt und versucht herauszufinden, wo genau der Schmerz ist und wie sich der Schmerz wirklich anfühlt. Und es war so erstaunlich, daß immer da; wo ich hinspürte und atmete, sich der Schmerz auflöste. So ging ich dann mit meinem Spüren durch meinen Kopf, und ich konnte die Schmerzen dann auflösen. Als ich dann aufstand, merkte ich schon, daß ich sehr langsam sein mußte, sonst wären die Schmerzen, die durch Verspannungen kamen, sofort wieder da gewesen. Ich mußte mich bewußt konzentrieren, langsam und sehr achtsam zu sein. Aber es war gut für mich."

Durch das achtsame Hinspüren erlauben wir dem Schmerz, da zu sein. Wir erleben seine Vielfältigkeit und seine Veränderlichkeit. Wir kommen in Berührung mit der Erfahrung:

Widerstand verstärkt, Hingabe mildert.
Bejahen ist Magie
Hermann Hesse

Diese Möglichkeit, Schmerzen, Unwohlsein, Bedrängendes und Bedrückendes zu erforschen, gibt uns die Freiheit, das Unangenehme und Abgelehnte zum Stoff unserer *Meditation* zu machen. Auf diesem Weg, der allerdings mit Nachsicht und Geduld gegangen sein will, können wir bis zu dem Erlebnis kommen, daß:

Einswerdung auflöst.

Rabia el Adania sagt: *Wahre Hingabe ist sich selbst genug.*
Nach dem Himmel nicht verlangen, die Hölle nicht fürchten.

Jedes nicht erfüllte Verlangen, wie: „Ich will aber dies oder das, ich will dies oder das nicht", kann auf diese Weise erforscht werden: „Was ist das Unangenehme, was möchte ich vermeiden oder vor was möchte ich fliehen?"

Das, was ich hinter dieser Frage finde, mache ich zum Objekt meines Erforschens. Ich fliehe nicht vor dem, was ich nicht will, ich lasse mich vielmehr darauf ein. Wir erlangen dadurch die Möglichkeit einer erweiterten Integration. Wir erweitern uns, wir lernen die Verklammerungen an unser Ego, die Einteilung in „Das bin ich und das bin ich nicht, das will ich und das will ich nicht" immer mehr aufzugeben.

Ohne die Begegnung mit dem Unangenehmen, dem Abgelehnten, dem Dunklen, Bösen, Schlechten, ohne die Erfahrungen von Schmerz und Bedrängnis, würden wir uns nicht bereit erklären, *die Enge* der *Egoidentifikation zu erweitern.* In dieser Sichtweise wird das Unangenehme, das, was wir nicht wollen, zur *Aufforderung* zu einer spirituellen Reise, auf der wir immer mehr dem begegnen, was nicht von Materie und Stoff abhängig und gebunden ist. Wir begegnen dem *Geistigen, dem geistigen Potenzial,* über das jeder Mensch verfügt, wir begegnen dem *Unvergänglichen und unzerstörbaren Kern in uns.*

Das aber ist ein Weg, möglicherweise ein „Lebensweg", auf dem wir oft nur mit kleinen, mühsam errungenen Schritten vorwärtskommen. Aber wir werden feststellen, daß jeder auch noch so kleine Schritt unendlich viele Früchte in jeder nur möglichen Situation unseres Lebens bringen kann.

Wenn wir es immer mehr lernen, uns mit unserer Angst, mit unserem Schmerz, mit all dem Dunklen und Schweren zu konfrontieren, kann es geschehen, daß uns der Wert des Lebens und unseres Daseins und die Schönheit der Schöpfung viel tiefer bewußt wird und sich um ein Vielfaches steigert.

Wir setzen dann andere Prioritäten und genießen und wertschätzen das, was sonst so selbstverständlich erscheint, viel, viel tiefer.

Wir verstehen immer mehr, *daß das Leben in der Welt Ringen bedeutet und Angst mit sich bringt.* In den Bereichen des Geistes gibt es keinen Kampf und keine Angst. Im Geistigen wirken die Kräfte des Vereinenden und der Liebe. Das Geistige ist nicht entstanden und vergeht nicht und kann uns damit wirkliche Heilung und Beheimatung schenken.

Nur für heute

Vor etwa fünfeinhalb Jahren erhielt ich die Diagnose einer Non Hodgekin Erkrankung. Ich habe Jahre gebraucht, bis ich bereit war, mich mit der Bedeutung, eine unheilbare Krankheit zu haben, auseinanderzusetzen. Noch heute gibt es Tage, an denen ich die Wirklichkeit der Bedeutung, die relative Nähe zu meinem Sterben, nicht zulassen kann. Seit der Entdeckung meiner Erkrankung habe ich fünf Rückfälle und die sich daran anschließenden Chemotherapien gehabt. Es war die Hölle. Und immer ist die Angst vor einem erneuten Rückfall und einer endgültigen Verschlechterung da. Durch die Krankheit verlor ich meine Existenzmöglichkeit und ein gutes Auskommen. Ich wurde zur Sozialhilfeempfängerin, und wer das erlebt hat und den damit immer drohenden sozialen Abstieg, der weiß, daß auch das einem Durchwandern der Hölle gleichkommt. Von einem autonomen, selbstbewußten Menschen wird man zum Bittsteller, zu einem Menschen, der mit materiellen und sozialen Grenzen kämpfen und leben muß.

Und doch gibt es neben all dem noch eine ganz andere Seite. Es ist die Seite meines langsamen Erwachens. Diese so ganz andere Seite bringt mich dazu, daß ich sagen kann: Nein, trotz allem möchte ich die Krankheit nicht missen. Ich glaube, daß ich ohne sie diesen Weg nie gefunden hätte. Und wenn ich ganz ehrlich bin, kann ich auch sehen, daß ich sie, zumindest heute noch, brauche, weil ich mir nicht sicher bin, ob ich sonst wieder vieles von dem verlieren würde, was mich so verändert hat. Inzwischen denke ich manchmal, daß das alles doch auch eine göttliche Führung ist. Wenn man mir das vor sechs Jahren gesagt hätte, hätte ich nur müde gelächelt.

Ganz allmählich lernte ich aber auch zu verstehen, woher uns Heilung kommen kann, und ich begann, in kleinen Schritten an einer inneren Haltung des Vertrauens zu arbeiten. Manchmal überkommt mich die Angst: Was ist, wenn ich nun wirklich das Leben annehme und es liebe und ich gerade dann sterben muß? Aber ich habe mir angewöhnt, bei solchen oder ähnlichen Gefühlen zu sagen: Ich lebe nur für heute, und was morgen ist, das weiß ich nicht, und ich lasse es beim Heute.

Über das Dunkle in uns

Hin und wieder haben wir in der Begleitung eines Sterbenden das
Gefühl, daß dieser Mensch gezwungen ist, sich mit dem Dunklen
und Negativen, dem sogenannten Schatten, auseinandersetzen zu
müssen. Nur sehr wenige Menschen sprechen über diese Art von
Kämpfen und Erlebnissen, und wir vermuten, daß es das Gefühl von
Scham ist, daß es ihnen so schwer macht, gerade von diesen dunklen
Seiten ihres Erlebens zu sprechen.

Frau Baum erzählt nach langem Zögern:

*„Wissen Sie, ich war ein Leben lang sparsam und hab mir nicht
viel gegönnt. Meine Kindheit war ja so schwer, meine Eltern hatten
im Krieg alles verloren, und dann haben wir immer sparen müssen.
Und jetzt, in diesen Tagen, hab ich erst begriffen, daß ich mein Leben lang ziemlich hartherzig war. Meine Tochter Evelyn ... wissen
Sie, ich habe sie unehelich bekommen, hat eines Tages den Kontakt
mit mir abgebrochen und mir nur noch einen bitterbösen Brief geschrieben. Sie warf mir vor, daß ich zu hart mit ihr umgegangen sei
und daß sie immer nur Mangel erfahren hätte. Das stimmt so sicherlich nicht, aber etwas ist schon wahr daran."*

Frau Baum weint leise vor sich hin.

*„Vielleicht habe ich deshalb auch keinen Partner gefunden. Da
waren manchmal Männer in meinem Leben, aber ..."*

*Frau Baum verstummt und weint in ihr Taschentuch. Dann setzt
sie noch einmal an:*

„Und denken Sie, Gott wird mich nun für meine Härte bestrafen?"
*Ich nehme Frau Baum in den Arm, und sie kann es diesmal das erste
Mal richtig zulassen. Nach einer Weile sage ich: „Ich denke, Gott
wird verstehen, warum Sie so waren; ich glaube, er versteht einfach
alles."*

Hinter jedem Dunkeln verbirgt sich eine Angst oder ein Mangel, und
die Heilung besteht erst einmal darin, diesen Mangel zu erkennen,
anzunehmen und dann auszugleichen.

- Beim Neid gönne ich mir in der Regel selber nichts.
- Bei der Gier hindert mich etwas am wirklichen Genuß, muß ich
  etwas für meine Genußfähigkeit tun.

- Hinter dem Geiz steht mangelndes Vertrauen in die Güte der Schöpfung.
- Bei dem Thema Wollust steht mir etwas im Wege, wirklich lieben und mich hingeben zu können.
- Hinter dem Zorn stehen alte Verletzungen, die gesehen und anerkannt werden möchten.
- Die Trägheit ist eine Antriebsstörung, ein Mangel an Kraft und Vitalität und Lebensfreude, sie alle weisen darauf hin, daß der entsprechende Mensch Erfahrungen machte, die ihn depressiv und resignativ werden ließen.
- Der stolze, überhebliche, arrogante Mensch hat in seinem Kern eine Verletzung des Selbstwertgefühls; er fühlt sich ungeliebt und minderwertig und versucht, über Leistung und Anstrengung diesen verborgenen Mangel zu kompensieren.

Es nützt keinem, wenn wir streng, ablehnend und unterdrückend mit all dem Unliebsamen, das wir in uns vorfinden, umgehen. Im Umgang mit unseren dunklen Seiten ist es einzig hilfreich, wenn wir über den Weg des Verständnisses uns selbst gegenüber, mit Liebe und Güte, unsere dahinter liegenden *Wunden* behandeln. Die Schritte heißen:

- In Liebe annehmen, wie ich bin.
- Verstehen, warum ich so bin.
- Mir dessen bewußt werden, was ich mir ersehne und brauche.

Wenn wir nun ein Fazit dieser Selbsterforschung unseres Dunklen und Negativen ziehen, können wir feststellen: all diese Schattenfunktionen, all das „Böse" in uns zieht seinen Stoff und seine Dynamik aus *nicht gelebtem Leben* oder anders ausgedrückt daher, daß es aus den unterschiedlichsten Gründen bisher nicht möglich war, das, was ich in Wahrheit ersehne, auf eine gute, positive, wirklich erfüllende Weise zu leben.

Für diesen Weg der Begegnung mit dem Dunklen und Schweren ist es wichtig, unseren, Kampf, unsere Ablehnung und unseren Widerstand aufzugeben. Vielleicht können wir diese Phase der Begegnung als eine *Zeit des Waffenstillstands* bezeichnen. Für eine Weile ist der Kriegszustand zwischen mir und dem „Feind", dem Bedrohlichen aufgehoben, und wir können uns auf der Mitte treffen um voneinander zu lernen und uns im idealsten Falle miteinander *verbünden*.

Rainer Maria Rilke, der Dichter, der vielleicht am meisten von diesem „Sich-fallen-Lassen" ins Dunkle und Schwere gewußt hat, beschreibt dieses Einswerden mit wunderbaren Worten:

Geh in der Verwandlung aus und ein.
Was ist deine leidenste Erfahrung?
Ist dir Trinken bitter, werde Wein.

IMPULSE

Wenn Sie das vorausgegangene Thema im Erleben für sich selbst vertiefen möchten, bieten wir Ihnen folgende Impulse zur eigenen Auseinandersetzung an:

1. Ekstatisch wütend sein

Vielleicht haben Sie hin und wieder in Ihrem Leben die Erfahrung gemacht, wie gut es tut, einfach einmal die angestaute Wut herauszulassen.

Meistens hemmen wir uns aber, indem wir denken: „O, Gott, da würde ich aber ganz schön mein Gesicht verlieren", oder: „Ich habe Angst, dann jemanden zu verletzen", oder auch: „Wenn ich damit einmal anfinge ... ich wüßte gar nicht, wohin mich das am Ende bringen würde."

Sicherlich sind solche Einwände teilweise berechtigt, die Erfahrung zeigt aber, daß es für die meisten Menschen sehr erleichternd ist, wenn sie sich einmal gestatten, auf eine Weise, die niemanden tatsächlich verletzt, ihren angestauten Zorn, Haß und ihre Aggressionen herauszulassen.

Manche Menschen tun das über einen Kampfsport oder eine andere sehr dynamische Sportart. Manche Menschen hacken Holz oder schlagen auf einen Boxball, einen sogenannten Punchingball.

Hier nun noch eine Anregung, wie Sie mit einfachen Mitteln Ihre Wut oder Ihren Ärger ausagieren können:

Besorgen Sie sich entweder einen Gummischlauch, ein Stück von etwa 50 cm Länge, oder einen alten Teppichklopfer, einen alten Tennisschläger, oder drehen Sie sich ein Handtuch und halten Sie die Drehungen mit Gummibändern.

Sie können auf alte Telefonbücher, ein hartes, altes Sofakissen oder ein Stück hartes Schaumgummi einschlagen.

Wenn Sie Angst haben, zu laut zu werden, können Sie auch mit diesen Utensilien in den Keller gehen oder in die Natur. Ein guter Platz ist auch das Auto bei geschlossenen Fenstern.

Überlegen Sie sich nun, was Sie so wütend gemacht hat, auf wen Sie zornig sind. Formulieren Sie einen kurzen, prägnanten *Wutsatz*. Zum Beispiel:

Ich will das nicht ...
Hau ab ...
Mit mir nicht ...
Das ist so gemein ... u. ä.

Wenn Sie keinen Namen nennen möchten oder die Sache, um die es geht, nicht genauer benennen möchten, ist das auch in Ordnung. Sie wissen ohnehin, um was es geht.

Erlauben Sie sich dann, Ihren Satz herauszuschreien und mit aller Kraft mit dem Schläger auf die Unterlage zu dreschen. Halten Sie sich nicht zurück, wagen Sie, alles raus zu lassen. Sie können sich vorher noch einmal bewußt machen, daß Sie damit niemandem schaden, im Gegenteil! Die Chance, dem anderen Menschen danach gelassener begegnen zu können und auch seine Seite sehen zu können, ist viel größer, als wenn Sie ihre Wut immer unterdrücken. Heute wissen wir, daß wir mit dem wiederholten Abbau von Aggression zu unserer eigenen Gesundheit und letztendlich auch zu der anderer Menschen etwas Positives tun.

2. Die Umarmung des Drachen

Die folgende Meditation ist eine sehr gute Möglichkeit, der verwandelnden Kraft inmitten des Dunklen und Schweren zu begegnen. Setze dich bequem hin und atme mehrere Male tief ein und wieder aus. Entspanne dich in deinem Körper.

Finde zuerst heraus, welches Thema, welches Gefühl es ist, das dich bedrängt.

Beschreibe das Dunkle so genau und ausführlich wie möglich einer anderen Person: Die Art und das Aussehen sollten beschrieben werden, wann es kommt, was es macht, wie es sich anfühlt usw. Je bildhafter du es beschreiben kannst, um so besser ist es.

Umkreise nun das „Ungeheuer", laß es sich äußern und ausdrücken, gib ihm eine Stimme, vielleicht einen Namen, und beginn mit ihm zu kommunizieren: „Was möchtest du von mir? Was brauchst du?" Versuche das „Ungeheuer" so weit wie möglich kennenzulernen und zu erkunden.
Lasse dir Zeit dafür. Gehe immer wieder hin, nähere dich ihm an, so weit es geht.

Du hast dich nun auf die innere Reise zu deinem Drachen (Schmerzen, Angst, der Tod usw.) begeben. Du kannst nun entscheiden, ob du diesem inneren Drachen ganz begegnen und dich auf diese Erfahrung einlassen möchtest.
Es ist gut, wenn das Objekt, dem du begegnen willst, eine möglichst konkrete Form hat. Gehe nun langsam immer näher an den „Drachen" heran. Berühre ihn, lege ihm deine Hände auf, umarme ihn, gib ihm vielleicht einen Kuß. Laß dich immer tiefer auf ihn ein und erlebe betrachtend, was geschieht.
Vielleicht kannst du bemerken, daß es in dir eine Instanz gibt, einen neutralen Beobachter oder „Zeugen", der sehr genau und angstfrei betrachten kann, was geschieht.
Schau und fühle nun, ob du erleben kannst, wie du und der Drache miteinander eins werdet, ihr miteinander verschmelzt.

Nimm wahr, wie es dir in der Umarmung mit dem „Drachen" geht.

Vielleicht möchtest du eine Frage an den Drachen stellen, die für dich wichtig ist?

Lausche auf die Antwort.

Wenn dir dieser Weg zum Drachen und das Erlebnis der Verwandlung geschenkt worden ist, vergiß nicht, dich zu bedanken und zu verabschieden. Vielleicht wirst du in einiger Zeit zu ihm zurückkehren wollen, um deine Erfahrung zu vertiefen.

Den Drachen umarmen – ein Erfahrungsbericht

Ich zwänge mich durch einen schmalen, kantigen Eingang einer Felsenspalte. Der enge Durchgang ist gerade so breit, daß ein menschlicher Körper sich hindurchschieben kann. Ich gehe vorwärts, es ist kühl und feucht, von der Atmosphäre her beängstigend, und es wird immer dunkler, bis ich am Ende endlich einen matten Lichtschimmer erkenne.

Ich schiebe mich dieser Lichtöffnung entgegen, noch ein paar Schritte, und ich stehe in einer steinernen Höhle, die nur eine schmale Öffnung nach oben hin hat, durch diese kommt ein wenig Tageslicht herein, gerade so viel, daß ich mich in der Höhle umschauen kann.

Es ist nichts Besonderes in diesem steinernen, felsigen Innenraum. Der Boden ist lehmig, feucht und glitschig.

Da entdecke ich an der gegenüberliegenden Wand ein großes Kreuz mit dem Gekreuzigten daran. Ich wundere mich gerade noch, wie er hierherkommt, da werde ich schon von einer unsichtbaren Kraft hinaufgehoben etwa in die Höhe des Kopfes.

In seiner Höhe verbleibe ich, muß aber mit Entsetzen feststellen, daß sich der Kopf des Heilands in einen grausigen Dämonen- oder Drachenkopf verwandelt hat. Ich schaue mit Entsetzen! Da, der ganze Körper Christi hat sich in einen Drachenkörper verwandelt. Das Äußere ist mit rot grünen Schuppen bekleidet. An den gewaltigen Fäusten und Füßen sind scharfe, gekrümmte Krallen, ein riesiger Leib mit einem aufgeblähten Bauch, alles dick aufgebläht und von den entsetzlichen Schuppen übersät. Der wulstige Hals endet in einem riesigen Kopf. Hervorquellende Dämonenaugen glotzen mich an, sie sind so groß wie Teller und rollen bedrohlich und furchterregend. Aus den weit geöffneten Nüstern kommt ein stinkender Dampf, die Lippen sind dickwulstig und weit geöffnet, so groß, daß ich mich auf dem Rand der Unterlippe, wie an einem Kraterrand, niederlasse.

Irgendwoher fragt mich eine Stimme. „Was willst du machen?" Ich schreie: „Ich weiß es nicht!" Dann fragt die Stimme noch einmal: „Bist du bereit, dich in das Maul des Drachen zu stürzen?"

Ich weiß, es bleibt mir nichts anderes übrig.

Da befiehlt mir die Stimme:

„Umarme den Drachen und küsse ihn!"

Entsetzen packt mich. Ihn küssen! Diese scharfkantigen, feuchten Schuppen! Dieses vernichtend Entsetzliche! Ich weiß aber, es gibt keinen anderen Weg. Bevor ich mich überwinde, denke ich noch: das ist der Tod …

Ich umarme das schuppige Wesen, drücke meinen Lippen auf die Schuppenhaut, ich spüre das Scharfkantige an meinen zarten Lippen. Aber seltsam, indem ich es tue, ist es nicht so furchtbar wie ich dachte.

Wenn ich ihn nun schon geküßt habe, werde ich mich auch vom Rand seiner Lippen in den Abgrund des Kraters stürzen. Am Rande der Lippen sitzend, überkommt mich nun aber doch wieder panische Angst. Es wird mich möglicherweise vernichten. „Spring!" befiehlt die innere Stimme! Ich zögere, und doch weiß ich, es gibt keinen Weg aus der Situation. Ich spüre, was es heißt, eine Entscheidung zu treffen und den Willensimpuls wahrhaftig zu machen. Ich springe! Ich lasse mich in den Abgrund der Angst fallen. Ich erlebe dabei nackte Todesangst.

Das Fallen ist lang, sehr lang, dann endete es endlich im Magen des Ungeheuers. Ich weiß, ich bin durch die Speiseröhre abwärts geglitten. Nun bin ich im Innern des Magens und spüre ein furchtbares Drücken und Quetschen, ein mich Zusammendrücken und Auseinanderreißen. Der Drachen hatte mich in meiner ganzen Gestalt verschluckt, aber nun werde ich in einzelne Teile zerdrückt und zerteilt. Ein qualvoller Schrecken durchfährt mich. Ich werde vernichtet!

Da stelle ich mit einem Male fest: Ein Wunder, es geschieht ein Wunder! In jedem zerteilten Teil bin ich, ich bin und bleibe ich, ich bin unzerstörbar!

Das Entsetzen wandelt sich in eine Art unbegreifbare Glückseligkeit. Ich lasse mich voller Freude und Lust zerteilen und zerquetschen und erlebe in jedem Vorgang immer wieder dieses Wunder: Ich bin!

Ein Gefühl unbeschreiblicher Seligkeit erfüllt mich, erfüllt jedes Teilchen, das ich bin.

Ich rutsche vom zermalmenden Magen weiter in den Darm, dort werde ich weiter verwandelt, umgewandelt. Zudem erscheinen Tausende, hämisch lachender, grinsender, bösartiger Teufel mit langen Spießen und Gabeln, die die Einzelteile meines Seins noch durchlöchern, durchbohren, noch einmal zerteilen und spießen. Ich bin all dies! Ich bin ich! Ich bin, jubelt es in einem jedem Teilchen der gemarterten Substanz.

Ich gleite weiter, weiter, durch Windungen und Gänge. Der Darm wird enger, preßt mich wieder zusammen, das Ende des Darmganges wird erkennbar, und ich werde durch einen riesigen Afterausgang herausgedrückt. Ich bin wieder in einer Höhle, diese ist aber ganz anders. Vor mir geht ein Zug von Mönchen in weißen Kutten mit Kapuzen über den Köpfen. Sie singen eine wunderbare feierliche Liturgie und begleiten mich bis zum Höhlenausgang. Ich trete hinaus, und draußen empfängt mich ein gleißendes, strahlendes Licht. Ich sinke auf die Knie und spreche ein dankendes Gebet.

ICH BIN

3. Die Suche nach einem „Todesmantra"

Bei den Indianern gibt es eine Tradition, daß Kinder sehr früh ihren „Todesgesang" lernen. Sie singen ihn immer wieder im Laufe der Jahre, so daß sie ganz eins werden mit diesem Gesang. Sie sind so vertraut mit der Melodie, daß sie hoffen und vertrauen, daß ihnen in der Zeit ihres Sterbens und auch im Moment des Todes dieses Lied Kraft und Zuversicht gibt.

Welches Lied oder welche Musik könnte Sie begleiten? Oder vielleicht ist Ihnen die Musik weniger vertraut, und Sie wählen sich lieber ein Wort oder einen einfachen Satz? Welcher Satz könnte es sein? Vielleicht ein Satz aus der Bibel, vielleicht ein Satz, den sie als Kind von einer geliebten Person gehört haben, vielleicht ein Satz aus einem Roman? Welcher Satz könnte ihnen Trost und Zuversicht geben und Sie auf dem Weg über die Schwelle begleiten und stützen?

Oder gibt es ein inneres Bild, welches Sie begleitet und Ihnen Kraft und Geborgenheit vermittelt?

Oder möchten Sie sich lieber einen Gegenstand, ein Symbol suchen, das Sie bei sich tragen möchten, so wie man früher einen Talisman hatte?

*

Mitten im Rachen der Hölle wirst du zum Leben erwachen.
Hermann Hesse

5 DER KÖRPER ALS TEMPEL DER SEELE

Von der Beziehung zum Körper

Die Aufgabe besteht nicht darin, aus dem Körper auszutreten,
sondern darin, zu erkennen, daß er der Tempel des Heiligen ist.
George Feuerstein, in: Margo Anand, Magie des Tantra

In der Begleitung eines kranken oder sterbenden Menschen erschüttert uns oftmals das körperliche Leiden. Da kann es sein, daß der Mensch, den wir vorher gesund kannten, der uns kräftig und vital vertraut war, nun ganz müde, blaß und erschöpft im Bett liegt und keine Kraft mehr hat. Oder der Körper hat durch die vielen Operationen und Behandlungen Narben, so daß die Spuren des Leidens sichtbar werden: Der Arm ist durch einen Lymphstau überdimensional dick, und die Haut reißt vielleicht schon an manchen Stellen auf, wird rissig, weil sie die Spannung nicht halten kann. Oder vielleicht ist das Gesicht durch einen Tumor ganz entstellt, und wir erschrecken vor der großen Wunde, vor dem Ausmaß körperlichen Leidens. Auch wir haben viele Situationen erlebt, in denen wir empfanden: Es ist grausam, es ist eigentlich nicht zumutbar. Wir können es nicht verstehen. Unsere ästhetische Welt wird zutiefst erschüttert und verwundet.

Wir spüren dann plötzlich, daß nicht wir über den Körper herrschen, über ihn bestimmen, die Mächtigeren sind, so wie wir es im Alltag oft denken. Wir erwarten von unserem Körper, daß er funktioniert, daß er uns bedingungslos zur Verfügung steht. Wir rechnen ganz selbstverständlich damit, daß er sich unserem Tun und Vorhaben unterstellt und keine eigenen Mucken hat. Wir werden ärgerlich auf ihn, schimpfen mit ihm, wenn er uns Signale der Erschöpfung oder der Schmerzen gibt.

Durch eine schwere Krankheit verändert sich bei vielen Menschen die Beziehung zu ihrem Körper.

„Es ist schon komisch. Vor meiner Erkrankung habe ich meinen Körper gehaßt und als selbstverständlich genommen, daß er gesund

ist. Ich war empört, wenn er nicht funktionierte, setzte mich über seine Grenzen, die er mir durch Verspannungen oder auch Magenschmerzen verursachte, hinweg – ja, und ich mochte ihn einfach nicht. Ich hatte immer etwas an ihm auszusetzen: zu dicke Beine, dann der Wabbelbauch, unreine Haut, zu große Hände ... Es tut mir heute richtig weh, wie ich damals über ihn geurteilt habe, ja ihn verurteilt habe. Durch meine Erkrankung war dann ja sein Leben und damit auch meines bedroht. Da habe ich dann gespürt: Wir beide müssen ja zusammenarbeiten, ohne ihn gibt es für mich, für meine Seele ja gar kein Leben. Da fiel es mir wie Schuppen von den Augen, und ich war zutiefst erschrocken, wie ich bisher mit ihm umgegangen bin. Jetzt ist er wie ein zweiter, wichtiger Teil von mir, für den ich gut sorgen will, von dem mein Leben abhängt, ja ich könnte sagen: Er ist mir wie ein Freund geworden. Wir haben jetzt eine Freundschaft miteinander, manchmal sogar eine Liebesbeziehung, da habe ich ihn einfach gerne und bin dankbar, daß er mir hier das Leben ermöglicht. Da ist es doch egal, ob er dicke Oberschenkel hat, zu groß oder zu klein ist! Nein, wichtig ist mir geworden, welche Erfahrungen er mir ermöglicht! Und das ist schön – so schön – das hätte ich niemals gedacht, so viel Freude mit und über meinen Körper erfahren zu können, z. B. im Tanz mich mit aller Kraft und Lebensfreude auszudrücken, das kann ich nicht ohne ihn. Oder die Sonne auf der Haut spüren, mich von Wärme umhüllt zu fühlen oder auch in der Sexualität so viel Lust durch ihn und mit ihm erfahren zu können. Mein Leben hat sich enorm verändert, seitdem ich meinen Körper angefangen habe zu lieben. Neulich dachte ich sogar: Eigentlich kann es mir doch gar nicht langweilig werden, denn meinen Körper habe ich immer dabei. Ich kann immer und überall irgendwie mit ihm experimentieren, vielleicht mit dem Atem, dann wieder mit bestimmten Körperstellungen usw. Es gibt so viel mit ihm zu erleben. Ich finde das sehr aufregend!"

Vielleicht mögen Sie sich einige Momente Zeit nehmen und in ihren Körper hineinspüren:

Wie nehmen Sie jetzt, in diesem Augenblick, ihren Körper wahr?

Wo können Sie Spannungen, die vielleicht ganz unnötig sind, wahrnehmen?

Vielleicht an den Schultern oder in den Beinen?

Wie spüren Sie Ihre Wirbelsäule? Ist sie aufrecht, entspannt oder zusammengesunken? Wie spüren sie Ihre Füße?

Und wie Ihr Gesicht? Sind dort Verspannungen? Halten Sie vielleicht die Zähne aufeinander gepreßt, oder kann sich der Mund vielleicht ein klein wenig öffnen, damit sich auch das Kinn, die Zunge und sogar die Ohren entspannen können?

Lenken Sie einfach für einige Momente Ihre Achtsamkeit auf Ihren Körper, um seine Signale zu verstehen. Tun Sie das nicht, indem Sie sich bewerten: „Das ist gut, das ist schlecht …", sondern in dem Sie ihn einfach nur mit einem gütigen Erkennen erspüren. Vielleicht mögen Sie sich jedem Körperteil auch mit einem liebevollen Lächeln zuwenden, mit Dank, daß dieser Körperteil schon so lange mit Ihnen lebt, selbstverständlich für sie sorgt, damit Sie hier auf der Erde leben können.

Wenn Sie mögen, richten Sie immer mal wieder beim Lesen, aber auch sonst in Ihrem Alltag Ihre Aufmerksamkeit auf Ihren Körper. Sie werden erstaunt sein, wieviele Zeichen Ihres Körpers Sie bekommen und auch wie sich Ihre Haltung verändern wird.

Der Körper wird nicht mehr als selbstverständlich wahrgenommen, sondern wie ein Freund, mit dem wir unser Leben verbringen. John O'Donohue schreibt in seinem Buch „Anam cara": „Der Körper ist der intimste Ort. Unser Körper ist unser Erd-heim, unser Körper ist das einzige wahre Heim und die einzige wirkliche Heimat, die wir im Universum besitzen. Nur im und durch den Körper wird unsere Seele für uns sichtbar und real. Unser Körper ist das Heim unserer Seele auf Erden" (O'Donohue, Anam cara, dtv, PREMIUM, München 1998).

Unseren Körper als Heim unserer Seele auf Erden oder, wie die Inder sagen, als Tempel unserer Seele, also als einen Ort des Innehaltens, der Ehrfurcht und Achtung betrachten. *„Hier in diesem Körper* *sind die heiligen Flüsse: Hier sind Sonnen und Mond und ebenso die ganzen Pilgerstätten ... Ich habe noch keinen anderen Tempel gefunden, der soviel Glückseligkeit ausströmte wie mein eigener Körper"* (Saraha in: Camaeron, Julia: Der Weg des Künstlers, Knauer-tb, München 1996). Erleben wir den Körper so, dann spüren wir immer mehr das innere Bedürfnis, uns ihm zuzuwenden, in einen Dialog mit ihm zu treten und gut und liebevoll für ihn zu sorgen. Dazu gehört auch, die Signale, die uns der Körper sendet, ernst zu nehmen. Wir können sie immer wieder durch Medikamente unterdrücken oder wir können versuchen, die Botschaft, die hinter den Signalen steht, zu entschlüsseln. Das zeigt sich z.B. darin, wie wir mit einer Grippe umgehen: Schlucken wir gleich zwei Aspirin, um möglichst schnell wieder funktionstüchtig zu sein, oder fragen wir uns: Warum bekomme ich gerade jetzt die Grippe? Vor vierzehn Tagen war ich mit viel mehr Menschen zusammen, wo ich mich hätte anstecken können, als jetzt, also warum bin ich jetzt anfällig dafür? Was will mir mein Körper damit sagen? Brauche ich eigentlich Ruhe? Wird mir alles viel zu viel? Habe ich meine Grenzen überschritten? Natürlich können wir nicht immer den Signalen nachgeben, uns zu jeder Zeit Ruhe gönnen, aber wir könnten es öfter, als wir es uns zugestehen. Und wichtig ist, wie wir mit seinen Schwächen umgehen. Sind wir ärgerlich und verpflichten den Körper durch Medikamente weiter zu funktionieren mit Druck und Anspruch, oder reden wir mit ihm, etwa: „Ich weiß, du bräuchtest jetzt eigentlich Ruhe. Aber meine Situation ist jetzt so, daß ich dir die Ruhe nicht geben kann. Bitte hilf mir, wenn ich dich mit den Medikamenten unterstütze. Ich verspreche dir dann auch, daß ich mir in zwei Tagen die Ruhe gönne oder in der Zeit, wenn der Druck vorbei ist, wieder besser für dich sorgen werde." Wenn wir schon im alltäglichen Leben lernen, mit Einschränkungen, mit körperlicher Schwäche liebevoll und sorgend umzugehen, so wird es in der Zeit schwerer Erkrankung und des Sterbens leichter sein, uns dem körperlichen Befinden hinzugeben.

Unser Körper ist vielleicht viel ehrlicher zu uns selbst als uns lieb ist. Wir wollen die Signale der Überanstrengung, der Angst nicht hören, aber seine Signale werden immer lauter, bis wir ihn hören. Der Körper verrät uns sehr viel über unsere wahren Gefühle, wenn wir bereit sind, diese zu hören.

„Ich bin ja nicht so gesund. Und es gibt schon immer wieder Momente, in denen ich über meinen Körper schimpfe und fluche, in denen ich mir wünschte, er wäre stabiler, nicht so sensibel. Aber zwischendurch, wenn ich so ganz in mich reinhöre, kann ich spüren, daß er genau zu mir paßt. Da bin ich im stillen sogar dankbar, daß er mir immer wieder Grenzen setzt, denn sonst wäre ich eine ganz andere. Ich glaube, sonst würden mein Leistungsstreben und mein Ehrgeiz mit mir davonrennen, und ich würde den Bezug zu meiner Seele, zu ihren Bedürfnissen total verlieren."

Entdecken wir die Kostbarkeit unseres Körpers, lernen wir seine Botschaften an uns zu verstehen, so erleben wir uns mehr und mehr in Harmonie mit unserem Körper. Wir erleben ihn von innen zu uns gehörig, so wie er ist, auch wenn er nicht so ist, wie wir ihn uns in unserer Vorstellung wünschten. Wir fangen an, unseren Körper zu lieben und seinen Rhythmus zu achten.

Der Körper als Spiegel der Seele

Der Körper wird auch immer wieder als Spiegel der Seele bezeichnet. Wir, unser seelisches Erleben, beeinflussen unseren Körper, und der Körper wirkt auch wieder auf unser seelisches Wohlbefinden zurück. Beide wirken wechselseitig aufeinander. Betrachten wir den Körper eines anderen oder auch unseren eigenen ohne unser urteilendes und normatives Denken, dann können wir sehr viel über den anderen oder uns selbst erfahren. Der Körper teilt schweigend mit, wer und wie wir sind. Der Körper ist seit unserer Geburt bei uns: Er ist das „Instrument", mit dem und durch den wir Erfahrungen machen. Er zeigt, welche Gefühle wir ausdrücken dürfen und welche wir unterdrücken. All die gemachten Erfahrungen haben sein Äußeres mitgeprägt und gestaltet. Wilhelm Reich und Alexander Lowen, zwei bekannte Körpertherapeuten, haben hierüber wichtige Bücher geschrieben.

Vielleicht sind Sie dem gegenüber skeptisch, vielleicht aber auch neugierig, und Sie spüren den Impuls, sich einmal im Spiegel zu betrachten, um die Sprache, die Ihre Körperhaltung ausdrückt, zu lesen. Schauen und betrachten Sie zunächst einmal nur: Was sagt Ihr Körper über Sie aus?

Fallen Sie nicht gleich in die alten Bewertungen hinein, wie: „Das ist schön" oder „Das müßte anders sein", sondern versuchen Sie zu verstehen, was Ihr Körper über Sie aussagt, was teilt er Ihnen mit? Welche Spuren hat das Leben in Ihrem Körper hinterlassen? Reden Sie gleichsam liebevoll zugewandt mit Ihrem Körper – was sagt er zu Ihnen?

Hängen z.B. die Schultern nach vorne, haben Sie das Gefühl, die Schultern tragen eine große Last, so daß sich die Wirbelsäule nicht aufrichten kann, oder sind die Schultern angezogen, aus Angst, jederzeit könnte etwas passieren?

Drücken Sie die Knie durch, um in jeder Situation stark und unbeugsam zu sein, oder können Sie Ihre Knie leicht einknicken, um weich und flexibel auf eine neue Situation zu reagieren?

Ist Ihr Kinn zusammengebissen, halten sie so Ihre Gefühle zurück oder können Sie die Zähne leicht voneinander lösen?

Was sagen Ihre Augen zu Ihnen? Wenn Ihr Gesicht reden könnte, was würde Ihr Gesicht zu Ihnen sagen?

Lassen Sie sich Zeit, Ihren Körper zu Ihnen sprechen zu lassen.

Wenn Sie die Übung vertiefen möchten, so können Sie sich danach Zeit nehmen, um einen Brief zu schreiben, den Ihr Körper, wenn er schreiben könnte, an Sie schreiben würde: Wie fand er das gemeinsame Leben mit Ihnen? Hat er das Gefühl, daß Sie gut für ihn gesorgt haben? Fühlt er sich von Ihnen geliebt? Was möchte er Ihnen mitteilen? Wie war seine Lebensgeschichte? Welche Schmerzen, welches Glück hat ihr Körper mit Ihnen erfahren können? Was wünscht sich Ihr Körper von Ihnen? Welche Sehnsüchte hat er? Was würde ihm gut tun? Was ist schwer für ihn?

Dem Körper ist die Gegenwart des Todes gewahr. Schon seit der Geburt sterben täglich Zellen in uns und täglich werden wieder neue aufgebaut. Immer vollzieht sich Sterben, Tod, aber auch Geburt im Körper. Mit dem ersten Atemzug beginnen wir das Leben, mit dem letzten Atemzug hört unser Leben hier auf der Erde auf. Vielleicht mögen Sie sich für einige Momente auf Ihren Atem konzentrieren.

Wie nehmen Sie ihren Atem wahr? Kann Ihr Atem frei fließen oder halten Sie ihn immer wieder an?

Versuchen Sie nicht, Ihren Atem zu verändern, sondern beobachten Sie ihn zunächst nur.

Ist der Einatem gleich groß wie Ihr Ausatem?

Strömt Ihr Atem in den Bauch und den Brustbereich? Spüren Sie, wie sich Ihr Oberkörper mit dem Einatem ein wenig hebt und senkt?

Nehmen Sie sich einige Zeit, Ihren Atem wahrzunehmen, so wie er ist.

Wenn Sie die Übung noch vertiefen möchten, so schreiben Sie einige Sätze über Ihren Atem auf, darüber, wie Sie ihn wahrgenommen haben. War er gleichmäßig? Konnte er frei fließen ... Wenn Sie dann die Sätze noch einmal lesen, ersetzen Sie das Wort Atem durch das Wort Leben. Wieviel Atem/Leben nehmen Sie sich? Ist der Einatem (das, was Sie an Leben nehmen) gleich dem Ausatem (das, was sie abgeben)? Kann Ihr Atem, also Ihr Leben, frei fließen?

Vielleicht erleben Sie dabei, daß Sie viel tiefer atmen könnten, also auch tiefer und intensiver leben könnten. Der Weg über den bewußten Atem, ihn immer wieder am Tag wahrzunehmen, kann uns ermutigen, uns auch mehr in das Leben einzulassen.

Die Sinnenwelt des Körpers

Körperliche Behinderung und Krankheit verändern oft unser Erleben durch die Sinne, häufig sensibilisieren sich die Sinne. *„Mir ging es jetzt eine Woche sehr schlecht. Ich hatte ein dauerndes Geräusch in meinem Ohr. Ich konnte zwar noch hören, aber es strengte mich alles viel mehr an, und es hallte in meinem Kopf. Ich fühlte mich wie eingeschlossen in einer eigenen Welt. Auch die Natur hat mich* nicht mehr so tief erreicht, die Vögel hörte ich zwar, aber mehr wie weit entfernt. Ich fühlte mich in all dem sehr einsam und einfach eingeschlossen. Jetzt geht es mir seit zwei Tagen wieder besser, und ich freue mich so, wieder am Leben teilzuhaben: Ich bin wieder ein Teil dieser Welt, ein Teil der Natur und nicht mehr abgeschlossen. Das ist mir vorher nicht so bewußt geworden, wie wichtig doch das Hören ist, wie es mir die Welt erschließt. Jetzt freue ich mich sehr an dem Rauschen des Windes, den Vögeln und auch wieder an der Musik."

Gerade mit dem Hören gehen wir oft unbewußt um. Wie schnell schalten wir das Radio im Auto oder in der Wohnung an, um ja nicht das Gefühl der Stille zu erfahren. Aber wir bedenken damit nicht, daß wir uns ja dauernd Reizen aussetzen, diesen Sinn oft gar nicht bewußt wahrnehmen.

Oder auch: Wie genau kennen Sie die Stimmen der Menschen, die sie lieben? Können Sie diese „innerlich hören" – haben Sie sie bewußt gehört – so daß, wenn der andere stürbe, sie „wüßten", wie sich die Stimme anhört?

Wie bewußt hören Sie Musik? Schließen Sie dabei die Augen, um sich wirklich ganz auf den Sinn des Hörens einzulassen, sich diesem hinzugeben, oder halten Sie die Augen offen und wandern in ihren Gedanken ganz woanders hin?

Es ist erstaunlich, wie sich die Sensibilität der anderen Sinne verändert, wenn wir einen Sinn ausschalten. Dies ist oft auch die Erfahrung von Menschen, die blind sind: ihr Sinn des Tastens und des intuitiven und instinktiven Wahrnehmens ist viel ausgeprägter als bei uns. Sie können oft viel mehr aus der Stimme eines Menschen heraushören als wir über die Augen, die sich häufig von Äußerlichkeiten täuschen lassen. So machte Martin folgende Erfahrung:

„Eine ganz neue Körpererfahrung und damit Welterfahrung war es für mich, als mich meine Freundin mal eine halbe Stunde blind durch die Welt geführt hat. Zunächst hatte ich ziemlich viel Angst, zögerte, plötzlich war ich unsicher: Bedenkt sie wirklich, daß ich nichts sehen kann? Aber die Spannungen in meinem Körper lösten sich dann bald, und das Erstaunlichste war, daß die anderen Sinne viel lebendiger und wacher wurden. Das Hören wurde viel deutlicher. Als wir an den Fluß kamen, war mir, als ob der Fluß durch meinen Körper durchfließen würde, von den Ohren hinein und *durch den Körper. Ich war wie eins mit dem Fluß und tauchte in das Rauschen ein – ja, es war beinahe wie ein kleiner Rausch.*

Aber auch die Haut wurde viel sensibler, z. B. als sie mir mit einer Feder über den Arm strich. Das war wie ein Rieseln durch den Körper, so fein und zart und doch so groß in seiner Wirkung. Auch die Gerüche waren viel intensiver. Und das Schönste war, daß sie mir dann ein Stück Mango, das ist meine Lieblingsfrucht, in den Mund schob: so weich, sooo saftig und farbig im Geschmack. Ich zerdrückte sie auf meiner Zunge, spürte die weichen, geschmeidigen Fasern, die saftige Fülle – Freude und tiefster Genuß, wie ich es beim Essen noch nie erlebt habe. Als sie mir dann die Augenbinde abnahm, staunte ich über die Klarheit meines Schauens. Ich sah die Farben und die Formen viel intensiver. Ich sah die Welt viel unmittelbarer und direkter."

Vielleicht ermutigt Sie die geschilderte Erfahrung, diese auch einmal mit einem Freund zu machen. Vereinbaren Sie, wer sich zuerst für 30 Minuten die Augen verbinden läßt, und lassen Sie sich dann führen. Nehmen Sie sich innerlich Zeit und Raum für dieses Erlebnis, auch Zeit, um hinterher miteinander darüber zureden. Sie können diese Erfahrung zu einem kostbaren Ritual der Sinne und des Vertrauens zueinander machen.

In der Pflege kranker Menschen erfahren wir auch, wie tief uns die Begegnung über die Haut berührt, wirklich Begegnung stattfindet, wie sensibel die Haut ist.

„Durch die Begleitung meines Bruders in seinem Sterben ist mir deutlich geworden, wie wichtig der Hautkontakt ist. Er hat es sehr genossen, ganz sanft massiert zu werden. Ich glaube, das hat ihm das Gefühl von Geborgenheit und Gehaltensein gegeben. Mir schien er manchmal wie ein Baby, das einfach die Wärme eines Menschen genießt und über die Haut aufnimmt. Seitdem massiere und streichle ich viel mehr Menschen. Und ich bekomme einen ganz anderen Zugang zu ihnen und auch zu ihrem Körper. Ich habe dann ganz andere Maßstäbe von Schönheit, wenn ich den Körper berühre. Da zählt es nicht mehr, ob er schön oder dünn ist, sondern mit meinen Händen erfahre ich die Einmaligkeit und Kostbarkeit dieses Körpers. Für mich ist das Spüren der Haut, das Streicheln, auch in der Sexua-

lität, viel wichtiger geworden. Ich bin mir früher meiner Hautsinne gar nicht so bewußt gewesen. Ich kann mich jetzt viel mehr aufs Spüren einlassen und empfinde dadurch viel mehr, so als ob die Haut mir ein weiteres Tor zu mir nach innen öffnet, und ich kann dann ganz ins Fühlen und die Gegenwart eintauchen."

In der Begegnung mit dem Körper können wir die Erfahrung machen: Ja, ich bin mein Körper, aber auch zugleich: Ich bin viel mehr als mein Körper. Lassen wir uns ganz in die Empfindungen des Körpers ein, so lösen sich oftmals die Grenzen auf. Ganz besonders stark erleben wir dies in der Sexualität: Erleben wir unsere Sinnesempfindungen, unsere Lust, so können wir in Momenten spüren, wie sich die körperlichen Grenzen auflösen. Der Orgasmus wird auch als der kleine Tod, als ein Tod des Egos verstanden. In Indien hat sich der Weg des Tantra entwickelt. Es ist ein Weg, über das Erleben der Sexualität in einen veränderten Bewußtseinszustand der Ekstase zu kommen. Viele Tantriker beschreiben den Tod als die letzte große Ekstase.

„Wenn mein Freund und ich uns sehr viel Zeit und Achtsamkeit für unser Liebesspiel nehmen, ist es wunderbar. Neulich haben wir uns erstmal jeder eine halbe Stunde für sich Zeit genommen, um uns innerlich aufeinander einzustimmen. Ich habe mich gebadet, eingeölt und habe dann noch meine Lieblingsmusik gehört. Ich war ganz nah bei mir selber, aber auch zugleich sehr freudig und offen für unsere Begegnung. Wir haben uns zunächst lange in die Augen geschaut und dann gemeinsam angefangen, intensiver zu atmen. Durch das gemeinsame Atmen hat sich sehr viel Energie zwischen uns aufgebaut. Wir waren beide sehr erregt, ohne daß wir uns berührt hatten. Die Berührungen dann waren wie elektrisierend, die Vibration ging durch den ganzen Körper. Wir haben die Erregung immer mehr zugelassen, haben aber den Orgasmus noch zurückgehalten. Wir haben einfach das Spiel mit der Erregung und der Lust genossen. Es gab nicht mehr deine Lust und meine Lust, sondern es gab nur noch Lust. Es gab nichts zu erreichen, sondern nur das Spiel dieser Energie durch den ganzen Körper. Wir waren mal zart, dann wieder wild und ganz archaisch – es war, als wären wir ein Körper. Unser ganzes Zusammensein war eigentlich ein großer Orgasmus. Es war, als lösten sich alle Grenzen auf, und wir waren im Sein. Es gab kein Denken, kein Ich mehr. Es war ein Erleben jenseits von Zeit

und Raum. Ich war nicht mehr Körper, nicht mehr Geist. Es war
Liebe und höchstes Glück. Jetzt konnte ich das Sufi-Lied verstehen,
das sagt: „Gott ist der Liebhaber, der Liebende und der Geliebte".

Durch das Zulassen körperlicher Empfindungen, hier der Lust, kann
sich unser Bewußtsein erweitern. Jean Houston, eine amerikanische
Psychologin, schreibt: „Der Körper ist der höchste Tempel der Trans-
formation, der Ort, an dem alle Kräfte des Universums gebündelt
und in eine höhere, integrierte Ordnung der Natur und des Geistes
verwandelt werden" (In: Margo Anand, Magie des Tantra. Goldmann
München, 1997, S. 29).

Der Gedanke an den Tod des Körpers kann unsere Identifikation mit
unserem Körper erschüttern. Zuerst haben wir vielleicht Angst, ohne
Körper niemand mehr zu sein, ausgelöscht zu sein. In der weiteren
Auseinandersetzung stoßen wir dann aber vielleicht auch auf eine
innere Erfahrensgewißheit, daß wir, unser Wesen, nicht abhängig von
unserem Körper ist, daß wir nach unserem Tod, auf welche Art und
Weise auch immer, weiter existieren.

Gerade in Indien bei dem Ritual der öffentlichen Verbrennung des
toten Körpers wird deutlich, daß der Körper „nur" unsere Hülle ist,
die uns das Dasein auf dieser Erde ermöglicht, aber daß unser Sein
selbst unabhängig von ihm ist.

„Als ich in Nepal war, war für mich das eindrücklichste Erlebnis,
bei einer Verbrennung mit dabei zu sein. Einer der Anwesenden, ich
weiß nicht, ob es der Sohn oder der Mann war, zündete mit einer
Fackel den Scheiterhaufen, auf dem eine tote Frau lag, an. Zuerst
fing die Kleidung Feuer und dann auch der Körper. Es war für mich
schmerzlich zu sehen, wie der Körper vom Feuer ergriffen und zer-
stört wurde, aber für die Angehörigen war es sehr natürlich. Sie
standen daneben, schauten ohne Schrecken zu und tranken Tee, den
die Familie mitgebracht hatte. Sie waren nicht von Trauer oder
Grauen ergriffen, sondern für sie schien das Geschehen irgendwie
ganz natürlich. Sie waren von der Gewißheit getragen, daß sie nur
die äußere Hülle verbrannten, die sowieso vergänglich ist."

Eine indianische Weisheit drückt dies so aus:

Ich öffne die Augen
Wind geht über mich hinweg,
Feuer verbrennt mich,
Sonne trinkt mich leer.
Zehntausend Sommer schon durchlebt, durchlitten.
Es schmerzt nicht mehr.
Ohne Zweige, ohne Blätter,
ohne Rinde und Saft
kehre ich schweigend das Sein nach innen,
Öffne die Augen einer anderen Welt.
Stille der Neugeburt.
Schon gesäte Asche.

IMPULSE

Wenn Sie das vorausgegangene Thema im Erleben für sich selbst vertiefen möchten, bieten wir Ihnen folgende Impulse zur eigenen Auseinandersetzung an:

1. Den Körper erfahren – eine Atemmeditation

Diese Atemmeditation kann auch in Form einer Lichtvisualisierung gemacht werden. Sie stellen sich dann einfach statt des inneren Atems (Prana) Ströme und Wellen von Licht vor, die in die einzelnen Körperteile oder auch Organe fließen.

Beide Übungen können als Heilübungen verstanden werden, die helfen, den Körper, den Leib tatsächlich als den *Tempel der Seele* zu erleben. Wir können mit der Zeit erfahren:

daß wir uns mit dem göttlichen Geliebten oder der göttlichen Geliebten in der Meditation vereinen.

Meditation:

Lege dich an einen ruhigen Ort bequem hin.

Schenke dir selber die Vorstellung: Ich habe nun eine halbe Stunde für mich Zeit, diese Zeit gehört alleine mir und meiner inneren Reise.

Atme nun erst ein paamal ganz sanft und bewußt ein und aus.

Atme dann weiter, ohne den Atem zu kontrollieren und betrachte ihn einfach. Nimm wahr: „Jetzt strömt mein Atem ein, jetzt strömt er aus".

Lenke nun deinen Atem ganz bewußt in den Bauch hinunter, du atmest sanft und bewußt in deinen Bauchraum hinein und erfüllst deinen Atem mit einem Gefühl der Liebe und des Mitgefühls für deinen Bauch. Atme etwa zehn Mal sanft und liebevoll ein und wieder aus.
Erfahre deinen Bauchraum in der Verbundenheit mit dem Atem.
Kannst du ihn spüren, ihn wahrnehmen?
Kannst du wahrnehmen, wie sich dein Gefühl, deine Beziehung zu deinem Bauch im Laufe des Atemvorgangs verändert?
Gehe nun bewußt zu deinem Brustraum und atme wie oben beschrieben langsam und liebevoll in deinen Brustraum hinein.
Erfahre dich, spüre dich.
Gehe nun weiter von Körperteil zu Körperteil. Wenn du magst, kannst du auch einzelne Organe miteinbeziehen. Wir nennen dir hier die Reihenfolge der Körperteile so, wie es für dich relativ leicht ist, sie zu visualisieren.
- der Bauchraum
- der Brustraum
- der gesamte Rumpf
- die Geniatlien
- die Oberschenkel
- die Unterschenkel
- die Füße, bis in die Fußsohlen hinein
- die Schultern und der Nacken
- die Oberarme
- die Unterarme
- die Hände, bis in die Fingerspitzen hinein
- der Hals
- der Kopf, bis in die Ohren hinein

Du kannst nun noch für etwa zehn Minuten den ganzen Körper, vom Kopf bis zu den Füßen und bis in die Fingerspitzen hinein, von innen her visualisierend beatmen.

Lasse dann deinen Atemstrom langsam verklingen, liege noch bewußt da und genieße das wunderbare, sanft lebendige Gefühl, das deinen ganzen Körper durchströmt.

Vielleicht magst du dir dazu das Mantra: *Mein Körper ist der Tempel meiner Seele* sagen.

2. Die Sprache des Körpers verstehen ... eine innere Wahrnehmungsreise

Lege dich bequem auf den Boden, ein Bett oder einen sehr bequemen Sessel.

Spüre zunächst einmal wieder zu deinem Atem hin und beobachte ihn für eine Weile. Und nun beginnst du mit deiner inneren Wahrnehmungsreise.

Wende dich mit deinem inneren Spüren und Betrachten deinem Körper zu.

- Welche Teile deines Körpers treten ganz spontan in dein Wahrnehmungsfeld?
- Welche Teile nimmst du weniger spontan wahr?
- Gibt es Körperregionen, die du nicht wahrnehmen kannst?
- Kannst du einen Unterschied zwischen der linken und der rechten Körperhälfte wahrnehmen?
- Wende dann deine Aufmerksamkeit zärtlich und liebevoll zu einem Körperteil, der dich schmerzt oder sich immer wieder durch unangenehme Empfindungen meldet.
- Befasse dich genauer mit den störenden Empfindungen und beschreibe dir innerlich, wie sich diese ganz genau anfühlen.
- Während du dieses Unbehagen tiefer erforschst und versuchst, es genauer wahrzunehmen, wirst du möglicherweise feststellen, daß es sich dabei verändert.
- Vielleicht taucht ein inneres Bild oder ein Bedürfnis nach einer Veränderung auf.
- Lasse das Bild oder den Wunsch nach Veränderung zu.
- Was sagt dieser Körperteil zu dir?
- Lasse den Körper tun was er mag, lausche auf ihn und laß dir von ihm sagen, was er möchte.
- Vielleicht hilft dir auch hier, immer mal wieder ein Mantra zu wiederholen:

„Ich höre auf dich und vertraue dir", oder „Ich höre auf meinen Körper und vertraue ihm."

3. Sensorische Deprivation

In vielen Religionen gibt es Einweihungsrituale, in denen der Betroffene mehrere Tage in einer Höhle in der Dunkelheit mit nur wenig Wasser verbringt. In dem Entzug von Sinnesreizen wie Hören, Sehen, Essen, Reden ... können sich tiefe innere Erfahrungen auftun. Wenn Sie dieses Experiment mit sich selbst anspricht, dann wählen Sie sich einen Zeitraum, vielleicht einen Tag, zwei Tage oder nur einige Stunden. Suchen Sie sich einen Raum, der still ist, am besten sind Sie irgendwo alleine in einer Wohnung. Bitten Sie vorher eine Freundin oder einen Freund, Sie nach der von Ihnen festgelegten Zeit aus Ihrer Erfahrung rauszuholen. Besorgen Sie sich Früchte und einige Flaschen Wasser oder Saft zum Trinken und verbinden Sie sich dann die Augen.

Erfahrungsbericht: 48 Stunden nicht sehen und nicht hören

Eine gute Freundin wird mich hineinbegleiten und mich dann auch wieder rausholen. Eigentlich habe ich mich die Tage vorher auf die Stille und Einkehr gefreut, aber jetzt bekomme ich doch erstmal Angst: so dunkel, so gar nichts zu sehen, keine Orientierung, keinen äußeren Halt.

Am ersten Tag genieße ich die inneren Bilder, bin freudig erstaunt, daß gar keine Einsamkeit oder Traurigkeit aufkommt. Ich meditiere, mache Yoga, so gut ich es mit geschlossenen Augen kann, fühle mich in mir wohl. Zwischendurch schlafe ich immer wieder ein. Der erste Nachtschlaf bringt mir zwei wunderbare Träume:

– Ich sehe eine wunderbare Landschaft am Meer vor mir: Hohe helle Felsküste, grüne Wiesen, türkisfarbenes Meer, sehr friedliche Atmosphäre. Ich schwimme durch eine Felsenhöhle hindurch. Beim Schwimmen denke ich noch: „Wenn die 800 Jahre gehalten hat, wird sie auch jetzt, wenn ich durchschwimme, halten."

– „Ich bin in einer spirituellen Gemeinschaft. Wir sind zusammen, um zu singen, zu beten und zu meditieren. Ich fühle mich sehr aufgehoben in der Gemeinschaft."

Beim Meditieren komme ich in eine tiefe Ruhe und Körperlosig-
keit. Ich erlebe mich im Dunkeln schwebend und dadurch wird al-
les hell. Ich genieße es, in meine inneren Bilder einzutauchen, mei-
nen Atem zu spüren und mich in meinem Körper zu erleben. Ich
gebe mir durch das Yoga, das Meditieren und Schlafen auch einen
Rhythmus. Das ist wohl eine Stärke und eine Schwäche von mir:
mir eine eigene Struktur zu schaffen, einen Rahmen, der mir Halt
gibt, um mich in der Kargheit, in dem Wenigen einzurichten und es
darin gut zu haben.

Meine Bilder kreisen um mich, meine Begegnungen, Menschen,
die mir wichtig sind, Erlebnisse, die ich hatte. Ich tauche in immer
tiefere Schichten meiner Seele ein. Es sind zunächst sehr viele posi-
tive Bilder und Erinnerungen: Urlaube, Begegnungen mit Menschen,
Dankbarkeit, so angenommen zu werden von Menschen. Mir wird
erst jetzt bewußt, daß ich eigentlich die letzten Jahre kaum ableh-
nende Erfahrungen gemacht habe. Ich freue mich staunend darüber,
wieder einen Schritt von den alten negativen Erfahrungen Abschied
zu nehmen.

Zwischendurch habe ich Angst: Ich glaube Schritte gehört zu
haben und ein Geräusch. Was nun, wenn Einbrecher da sind? Mein
Herz rast – dann nach einiger Zeit Stille werde ich wieder ruhiger.
Wenn, dann passierts eben – sie werden ja sehen, daß ich nichts
sehe. Und: „Wenn sie mich umbringen, ist es vielleicht leichter,
wenn ich es nicht sehe." (Kinderdenken …!)

Der Schlaf am Tag ist ganz anders, scheint flüchtiger, nur wie ein
Hauch, eine Engelsberührung zu sein, während der Nachtschlaf
schwerer ist. Aus dem Nachtschlaf erwache ich mit Träumen,
während ich aus dem flüchtigen Schlaf des Tages keinen Traum mit-
bringe. Nach dem Nachtschlaf fühlt sich mein Körper viel schwerer
und steifer an. Die zweite Nacht bringt mir wieder Träume:

– Ich sehe zwei schöne Holzhäuser mit großen Fenstern vor mir.
Jemand sagt: „Ja, da braucht es noch ein halbes Jahr praktische Ar-
beit, bevor du da einziehen kannst."

– Dann geht es um Blumenbeete und Säen in braune, frische Erde.
Dann beginnt die Ungeduld: Wann kommt meine Freundin? Mit
dem Warten setzten dann die Angstphantasien ein: Was ist, wenn
Dora etwas passiert ist? Oder hat sie mich vielleicht vergessen?
Manchmal bleibe ich in der Angst und in der Zeit, im Warten gefan-
gen und stelle mir sehnsüchtig vor, wie es wäre, wenn sie jetzt kom-

men würde. Dann kann ich aber auch wieder die Zeit und die Er-
wartung loslassen, tauche ein ins Nichts, verliere die Zeit und fühle
mich wohl. Ich erfahre sehr tief: Da, wohin ich meine Aufmerksamkeit richte, das bestimmt mein Fühlen.

Ich beginne zu singen und mit Überwindung auch nach ihr zu
rufen: „Bitte komme doch und rufe meinen Namen." Nichts. Es
kommen Erinnerungen, wie ich als Kind, als ich krank war, alleine
im Bett lag und auf meine Mutter gewartet habe. Ich falle, es kommen Bilder vom Tod meiner Schwester – warum nur? Ich weine und
weine, und dann höre ich die Stimme meiner Freundin. Ich weine
weiter und dann lache ich: Da ist sie. Sie ist da. Ich bin glücklich.
Lache. Staunend schaue ich sie an: Sie ist da. Es tut so gut.

Ich kann das Licht noch gar nicht ertragen. Das Hören ist so genau und so laut. Obwohl sich dieser Sinn sehr viel schneller norma-
lisiert, nicht aber die Augen. Ich habe den ganzen Abend das Gefühl, noch gar nicht richtig schauen zu können, staunend die Welt
zu betrachten, aber sie kann mich im Inneren noch nicht ganz erreichen. Ich bin in allem sehr langsam. Die einfachen, sonst so selbstverständlichen Dinge werden zu einem Genuß: Wasser auf der Haut
zu spüren, die Haare zu waschen und etwas Warmes zu essen. Jetzt
kommt auch der Hunger wieder. Ich habe die Tage in der Dunkelheit kaum etwas gegessen, es war keine Hunger da. Nun esse ich mit
Freude und Genuß.

Aber in mir ist auch immer noch etwas von der Einsamkeit. Ich
glaube, wenn ich länger in der Erfahrung geblieben wäre, wären
noch frühere Erinnerungen aufgetaucht.

Erst einen Tag später kann mich das Sehen wieder ganz im Inneren erreichen, und ich kann ganz in die Blütenpracht eintauchen.
Ein großes Wunder. Ich fühle mich energiegeladen, erfrischt und
schöpferisch. Ich erledige mit Schwung Sachen, die ich vor mir her-
geschoben hatte.

Durch die Erfahrung habe ich Vertrauen in mich selbst gewon-
nen. Auch Wartezeiten nutze ich jetzt intensiver, indem ich die
Augen schließe und beobachte, was dann geschieht. Ich habe die
Angst verloren, mich meinem Inneren zuzuwenden.

*

Wahre Intimität ist eine heilige Erfahrung.
John O'Donohue

6 ANEINANDER WACHSEN
Von den Beziehungen

Wenn der Tod zu mir kommt, will ich sagen.
Ich habe in der Liebe gelebt und nicht in der Zeit.

Tagore

„Vor einer Stunde habe ich erfahren, daß du schwer verunglückt bist und im Krankenhaus auf der Intensivstation liegst. Ich werde zu dir fahren und bete darum, dir noch einmal lebend zu begegnen. Plötzlich scheinen mir all unsere Streits so nichtig! Warum haben wir uns so oft um den Abwasch gestritten? Und um das Geld, wer entscheiden darf, wofür wir es ausgeben. Wie froh wäre ich, dir oder irgendjemandem alles Geld geben zu können, nur damit du noch leben würdest. Und wie sehr haben wir uns immer wieder im Alltag an Kleinigkeiten verzettelt, z. B. wer im Haushalt mehr macht und wer weniger! Immer dieses Vergleichen und Aufpassen, daß jeder gleichviel gibt! Als ich ins Krankenhaus komme, lebst du noch, aber du bist nicht mehr bei Bewußtsein. Ich nehme Abschied von dir, rede mit dir, auch wenn du es nicht verstehen kannst, bitte dich um alle Mißverständnisse, um die vielen Kleinigkeiten, um die wir uns gestritten haben und für die ich mich jetzt schäme, um Verzeihung. Und ich habe auch das Gefühl, daß du mir verzeihst."

Werden wir vom Tod eines anderen Menschen aufgerüttelt, oder sind wir selbst erkrankt, erfahren wir in aller Tiefe und Erschütterung, wie wichtig uns gelebte Beziehungen sind, wie sehr sie uns tragen und unser Leben reich und voll machen. Meist vergessen wir dies im Alltag. Da trennen uns die kleinen Auseinandersetzungen des alltäglichen Lebens, wer den Abwasch macht, wer den Müll runterträgt, wer für die Kinder in welchen Bereichen zuständig ist ... Wir betrachten den anderen als selbstverständlichen Besitz, der zu uns gehört und der unser Leben leichter machen soll. Wir erhoffen uns in der Beziehung, in der Liebe, daß der andere uns glücklich machen soll, und das nehmen wir als selbstverständlich hin und sind empört und aufgebracht, wenn es nicht so ist.

In den täglichen Reibereien und den Auseinandersetzungen um Aufgaben, Erwartungen und Pflichten verlieren wir oft unsere anfängliche Liebe, die Vision, die wir voneinander und miteinander hatten. Wir verlieren so leicht das Wesentliche, das, was uns eigentlich verbindet, aus den Augen, sehen nicht mehr die Kostbarkeit des anderen, seine Einmaligkeit und was er für uns und unser Leben bedeutet. Oftmals wird uns der Wert von Liebesbeziehungen erst mit dem Tod oder einer bedrohlichen Erkrankung bewußt.

So erzählt eine Frau, die vor einem halben Jahr die Diagnose einer Krebserkrankung mit Metastasen gestellt bekam:

„Es ist schon komisch und auch ein sehr hoher, vielleicht zu hoher Preis. Aber vor der Diagnose hatte ich immer Zweifel, ob mein Mann mich wirklich liebt. Ich hatte immer das Gefühl, daß ihm die Arbeit und sein Hobby eigentlich viel wichtiger sind. Ich und unsere Beziehung liefen für ihn immer mehr so nebenher, das war für ihn selbstverständlich. Jetzt nach der Diagnose kann ich erst wirklich spüren, daß er mich liebt und auch wie sehr er mich liebt, auch körperlich: Mein Körper ist ja jetzt durch die Brustamputation entstellt, so finde ich es jedenfalls, aber er kann sich der Narbe mit sehr viel Liebe zuwenden. Er meint, das wäre jetzt meine Kinderbrust, so würde er jetzt eine Frau und ein Kind gleichzeitig lieben. So einen liebevollen, zugewandten Humor habe ich bei ihm vorher gar nicht gekannt. Auch nimmt er sich jetzt viel mehr Zeit für unser Zusammensein. Es ist zwar schwierig, weil er aus beruflichen Gründen immer wieder für ein/zwei Wochen verreisen muß, aber ich fühle mich jetzt auch in dieser Zeit viel mehr verbunden mit ihm. Auch er hat sich durch meine Erkrankung sehr verändert. Viele kleine Zwistigkeiten wie z. B. um die nicht ausgewechselte leere Klorolle oder die dreckige Küche, wenn er gekocht hat – halt die jeweiligen Eigenarten –, über die wir uns sonst oft aufgeregt und über die wir uns entzweit haben, können wir jetzt viel besser annehmen. Das sind jetzt so die Erkennungszeichen des anderen, zu erkennen, daß er eben anders ist als ich. Und wir wissen jetzt, wie banal das eigentlich ist. Das ist nicht das Wichtige. Wichtig ist uns jetzt die Zeit, die wir miteinander haben. Wir genießen es sehr, einander nahe zu sein. Wir müssen noch nicht mal viel reden. Es ist eher so, daß wir manchmal schweigend zusammensitzen, manchmal sagt der eine was und dann ist wieder Stille. Es ist alles irgendwie ruhiger und tiefer. Dadurch entsteht ein sehr inniges Nahesein. Auch sind

wir jetzt viel zärtlicher zueinander, wir streicheln und verwöhnen uns viel, und das tut mir und meinem verletzten Körper sehr wohl. Es ist dann, als ob sich unsere Seelen sehr tief miteinander verweben, vielleicht so, als ob unsere Seelen miteinander schliefen. Wir erleben viel mehr Tiefe, und das ist ein Geschenk der Erkrankung. Ich hoffe jetzt, daß wir noch Zeit bekommen, dies auch lange zu leben."

Viele Paare machen diese Erfahrung, wenn das Leben des einen bedroht ist: Wir schrecken aus unserer Selbstverständlichkeit auf und wenden uns dem anderen neu zu. Wir erkennen plötzlich, daß wir so nebeneinanderher gelebt haben, daß wir meinten, wir kennen den anderen genau, wir wissen, was er denkt und fühlt, so daß wir ihm gar nicht mehr die wache Aufmerksamkeit schenkten. In einer langen Partnerschaft geschieht es leicht, daß wir meinen, einander so gut zu kennen, genau zu wissen, wie der andere reagiert, was ihn beschäftigt, und selbst in Auseinandersetzungen nehmen wir immer wieder die gleichen Rollen ein. Wir sind in der Normalität, im Bekannten stecken geblieben. Wird das Vertraute durch eine Bedrohung durchbrochen, fangen wir wieder an, den Partner neu anzusehen.

Auf dem Weg liebender und achtsamer miteinander umzugehen, werden wir immer wieder in alten Mustern gefangen sein, wir werden dann von unseren alten Ängsten, Eifersüchten, Minderwertigkeiten und Behauptungstendenzen bestimmt. Nicht alle Paare schaffen diesen Weg der langen Erkrankung miteinander, manchmal zerbrechen Partnerschaften auch daran. Wichtig ist, daß wir uns in diesen Zeiten Hilfe suchen, entweder gemeinsam oder einzeln Gespräche bei einem Therapeuten nehmen. Dieser kann uns helfen, zueinander und mit uns selbst ehrlich zu sein, um so aus dem Gefängnis der Schuldgefühle und den Ängsten sich etwas herauszulösen, sich wieder zu erkennen und zu begegnen und wieder die Liebe zu spüren, die wieder frei atmen und sich entfalten möchte.

Durch die Bedrohung, den nahen Tod, gehen wir in der Liebe durch die Hölle der Belastungen, der Angst vor dem Verlust, dem Nicht-Loslassen-Wollen und dem Nicht-Mehr-Können, aber wenn wir uns dem stellen, erleben wir auch wundersame, heilige Momente der Nähe, des Berührtwerdens, der Innigkeit in einer Tiefe, wie wir sie vorher nicht kannten. Auch hier zeigt sich wieder, daß wenn wir uns dem dunklem Pol stellen, wir auch von dem hellen, dem begnadeten Pol ergriffen werden. So sagt eine Sterbende: *„Wir waren zwar zwanzig Jahre verheiratet. Und das Verliebtsein, das Kindererziehen waren wichtige Lebensabschnitte, aber in diesem letzten Jahr sind wir uns so intensiv und nah begegnet wie noch nie."*

Möglicherweise erschrecken Sie diese Äußerungen, und Sie denken: Ja, aber der Preis ist doch viel zu hoch. Warum erkennen wir die Kostbarkeit eines anderen Menschen erst, wenn sein Leben bedroht ist? Wie kann ich meine Beziehung anders leben, daß ich achtsam dem anderen gegenüber bin, auch ohne diese Bedrohung?

Was kann sich in unseren Beziehungen verändern, wenn wir den Tod miteinbeziehen?

Peter Noll, der bekannte Rechtsanwalt, der seine Erfahrung des Lebens angesichts des Todes in seinem Buch „Diktate über Sterben und Tod" aufschrieb, drückt dies sehr knapp und einfach aus: *„Das Verhältnis zu den anderen wird anders. Daran kannst du so kurz vor dem Tode nicht viel ändern. Aber vorher. Mehr diejenigen lieben, die dich lieben, weniger dich denjenigen widmen, die dich nicht lieben. Geduldiger werden, wo du zu ungeduldig warst"* (Peter Noll, Diktate über Sterben und Tod. Piper, München 1987).

Menschen, die sich in einer Gruppe mit der Möglichkeit des Sterbens des Partners auseinandersetzten, erleben dies für sich und ihre Beziehung sehr positiv. Ihnen war hinterher deutlicher, daß der andere einmalig ist, so wie er ist. Sie spürten den Wunsch, ihre Beziehung intensiver und bewußter zu leben, nahmen sich mehr Zeit füreinander und konnten wieder deutlicher die Liebe, die sie am Anfang miteinander verbunden hatte, spüren. Sie fühlten sich ermutigt, in ihre Partnerschaft zu investieren. So sagte ein Teilnehmer: *„Ich spürte so deutlich, daß es sich lohnt, an der Beständigkeit der Beziehung zu arbeiten."* Sie waren fähiger Belastungen, die in der Beziehung bestanden mit mehr Abstand zu sehen und sie nicht so schwer zu nehmen, die Schwierigkeiten verblaßten im Kontrast zu dem möglichen Verlust. Auch veränderte sich ihr Empfinden zu dem Körper des Partners. Eine Teilnehmerin erlebte: *„Ich ging hinterher nach Hause und habe meine Freundin gestreichelt, geküßt und mir jede Linie ihres Körpers eingeprägt, damit ich sie in mir habe, wenn sie wirklich einmal nicht mehr leben sollte. Ich bin ihrem Körper nochmal ganz neu begegnet, obwohl wir jetzt schon seit 15 Jahren* *zusammenleben"* (D. Tausch, Die Vorstellung des möglichen Sterbens einer nahestehenden Person. Dissertation. Peter Lang Verlag, Frankfurt 1987).

Vielleicht regt Sie das oben beschriebene Beispiel an, sich Zeit zu nehmen, wie es für Sie wäre, wenn ihr Partner sterben würde:
Was hätten Sie versäumt?
Was ist ungesagt?
Welche Konflikte sind unausgesprochen?
Was würden Sie vermissen?
Nehmen Sie sich eine halbe Stunde Zeit, darüber nachzudenken, eventuell einige Gedanken aufzuschreiben und danach mit ihrer Partnerin darüber zu sprechen.

Wir meinen, daß es ein guter Weg wäre zu einem bewußteren, achtsameren Umgang, auch in längeren Partnerschaften, wenn sich Paare, z.B. am Hochzeitstag oder an dem Tag, den sie als ihren Tag bezeichnen, zusammensetzen würden und sich ehrlich fragten: Wie war unser Jahr? Welche Verletzungen habe ich von dir erfahren, die mich belasten würden, wenn du jetzt sterben würdest? Was brauche ich, um dir verzeihen zu können? Was wünsche ich mir von dir? Wenn das unser letztes Gespräch wäre, was möchte ich dir sagen? Was wünsche ich mir von dir zu hören? ... Es wäre möglich, diese Fragen auch mit einem Ritual zu verbinden, vielleicht das Alte, was ich loslassen will, auf einen Zettel zu schreiben und zu verbrennen und mir für das, was ich neu in der Beziehung leben will, ein Symbol auf den Nachtisch oder ins Badezimmer zu stellen. So würde die Idee des Todes die Beziehung immer wieder von altem Ballast reinigen, und es wäre Platz für neue Wünsche, Träume und Visionen.

Dieses Ritual kann uns helfen, nicht in der alltäglichen Routine des Zusammenlebens zu versinken, sondern dem anderen immer wieder neu zu begegnen, mit Achtung, mit innerem Staunen über die Veränderungen, über das, was wir vorher noch nicht wahrgenommen hatten.

Wir erfahren dann, daß Liebe nicht etwas Passives ist, Liebe nicht einfach da ist oder nicht, sondern, daß Liebe eine sehr aktive und schöpferische Kraft ist, um die wir oftmals ringen müssen, weil sie durch Verletzungen und Blockierungen verschüttet ist.

Liebe als aktive Kraft heißt auch, ich bemühe mich, den anderen zu verstehen, Verletzungen möglichst früh auszusprechen und zu vergeben. Oftmals werden die Kanäle der Liebe verstopft, in dem wir an alten Verletzungen festhalten: Weil du das getan hast, kann ich nicht mehr ... Die Beziehung wird damit zu einem Kampf, einem Schlagabtausch. Gerade in diesen Situationen kann uns der Gedanke an den Tod helfen:

Wie wäre die Verletzung angesichts des Todes? Könnte ich sie dann dem anderen verzeihen?

Möglicherweise öffnet sich unser Herz wieder schneller durch den Gedanken, daß die gemeinsame Lebenszeit unendlich kostbar ist. Wir meinen damit nicht ein schnelles, oberflächliches Vergeben, sondern das Wagnis, mich trotz und mit der Verletzung zu öffnen, mich nicht hinter einem Panzer der Abwehr zu verstecken, sondern mich wieder verletzlich zu zeigen. Wichtig ist hier im Gespräch miteinander, die Gefühle des Schmerzes, der Wut und Auflehnung auszudrücken, mit dem Bemühen sich selbst und den anderen zu verstehen, um wieder einen Weg hin zum Vertrauen zu finden. Da Free John schreibt: *„Übt die Wunde der Liebe ... übt die Wunde der Liebe"* (Ken Wilber, Mut und Gnade. Scherz, 1992).

Wenn wir uns immer wieder der Wunde der Liebe stellen, das heißt, unsere Verletzungen zulassen, uns unserer eigenen Enge von Eifersucht, Neid und Angst vor Verlust und Verlassenwerden stellen und trotzdem immer wieder unser Herz der Liebe öffnen, so kann dies zu einem Schulungsweg werden. Auf diesem Weg spüren wir dann immer wieder: Wodurch und wann verschließe ich mein Herz und wie kann ich es wieder öffnen, trotz des Wissens, daß es wieder verletzt oder verlassen werden kann.

In Liebesbeziehungen kommt das Beste, aber auch das Dunkelste in uns zum Vorschein. Sie sind darum eine Chance, uns selbst tiefer kennenzulernen und zu reifen. Gehen Partner mit diesem Bewußtsein eine Beziehung ein, so haben sie ein gemeinsames Drittes, was sie verbindet. Sie lassen sich aufeinander ein mit dem Wunsch, einander zu helfen, der oder die zu werden, der sie wirklich sind. Meist erleben wir am Anfang einer Liebesbeziehung den anderen so, wie er in seiner schönsten Form gemeint ist. Die Liebe weckt zuerst das

Gute und das Große in uns, was dann aber wieder verschüttet wird. Auf dem Schulungsweg der Liebe zu sein bedeutet, immer wieder um die „Gnade, das Geschenk" des Anfangs zu wissen, mit dem Wunsch, durch die Reibungen des Miteinanders den wahren Kern von den vielen Schalen der Verletzungen zu befreien. Es ist dies kein leichter Weg; wir werden immer wieder müde werden, uns fragen, ob es mit einem anderen Partner nicht doch leichter wäre, ob es nicht an dem anderen liegt; aber wenn wir ehrlich sind, werden wir auch spüren oder auch durch verschiedene Beziehungen erfahren haben, daß wir auch mit anderen wieder und wieder an die gleichen Punkte gestoßen sind. Lassen wir uns auf diesen Prozeß ein, so erleben wir aber auch beglückende Momente der Nähe und des Ergriffenseins, die uns ermutigen, den Weg weiterzugehen. Wir möchten die Liebe wagen, weil wir spüren, daß wir daran wachsen und reifen. Es ist gleichsam so, als ob dadurch viele äußere und innere Hüllen von uns aufbrechen.

Lieben ist höchster Ausdruck unserer Persönlichkeit. Sie erfüllt uns mit Freude, und unsere eigene Lebendigkeit kommt darin zum Ausdruck. In dieser Liebe sind wir uns selbst ganz nah und wir erfahren, daß Lieben nicht Festhalten bedeutet, sondern Loslassen, den anderen lassen können. Chesterton sagt: *„Ganz tief liebt nur, wer begreift, daß Geliebtes auch verloren werden kann."*

Wenn wir den Partner verloren haben, sei es durch den Tod oder an jemand anderen, ist häufig unser erster Impuls, uns zu schützen. Wir wollen nie wieder so verletzt werden und schließen erstmal unsere Liebe ein. Zu lieben ist immer wieder ein Wagnis, weil wir uns nirgendwo so offen und so verletzlich zeigen wie dort. Aber wir spüren vielleicht auch instinktiv, daß genau darin unsere Chance liegt, daß wir genau das ersehnen: uns ohne Panzer zu zeigen, ganz so wie wir sind, mit dem Vertrauen, daß der andere uns so annimmt. Und nach einiger Zeit spürt dann die Seele wieder die Bereitschaft und die Sehnsucht, sich in eine neue Begegnung einzulassen. Wir lassen uns das nächste Mal ganz anders in eine Beziehung ein, wir sind durch den Verlust gewachsen, wir lieben ganz anders, erfahren, daß jede Liebe einmalig ist. So sagte eine junge Frau: *"Ich habe mir nach dem Tod meines Mannes zuerst gesagt: ,So einen Schmerz willst du nie wieder erleben. Du bleibst ihm treu.' Aber dann habe ich gemerkt, daß ich ihm auch treu bleibe, selbst wenn ich mich wieder in eine*

Beziehung einlasse. Jede Liebe ist ja so ganz anders und einmalig. Ich bin jetzt eine andere, und es klingt vielleicht arrogant, aber ich glaube, ich liebe jetzt reifer. Vorher habe ich so gedacht: Wenn wir dann verheiratet sind, dann sind wir immer glücklich. Ich glaube, bei mir stand vor allem im Vordergrund, geliebt zu werden. Es war mir wichtig, von einem Mann geliebt zu werden und seine Frau zu sein. Jetzt geht es mir irgendwie viel mehr darum zu lieben als geliebt zu werden.

Auf dem Schulungsweg der Liebe verändern sich oftmals auch unsere engen Konzepte von Liebe, in denen wir immer wieder scheinbare Sicherheit und Glück suchen. Wir lassen die Utopie los, daß wenn wir in einer Beziehung leben alles leichter wird. Wir erkennen, daß es eine hohe Kunst ist, Partnerschaft lebendig und erfüllt zu leben. Es ist keine Selbstverständlichkeit, sondern Übung und Lernen. Wir erkennen, daß es kein Konzept gibt, was richtig und was falsch ist. Wir werden demütiger gegenüber den Schwierigkeiten des Zusammenlebens.

Manch einer erkennt für sich, daß er zu bestimmten Zeiten seines Lebens ganz andere Wege der Liebe sucht und geht, losgelöst von moralischen Bewertungen und Normen, mit dem Wissen um all das Schmerzliche, aber auch das Bereichernde auf dem Weg abseits der Konvention. Eine Frau macht folgende Erfahrung: *„Nach dem Tod meines Mannes lernte ich die verschiedenen Facetten der Liebe kennen und erkannte: Ja, wir können verschiedene Menschen zur gleichen Zeit lieben. Liebe ist immer unterschiedlich und individuell. Nicht eine Liebe ist größer oder tiefer, sondern sie ist mit jedem Menschen anders. So ließ ich mich z.B. auf eine Liebe ein, obwohl ich wußte, daß sie im Äußeren einen sehr begrenzten Rahmen haben würde, und doch wollte ich sie, denn dadurch konnte sie in die Höhe und in die Tiefe wachsen. Jahre zuvor wäre mir das unmöglich gewesen, aber durch den Tod meines Mannes vor 15 Jahren ist mir so deutlich geworden, daß im Sterben zählt, wieviel ich gewagt habe zu lieben und in den verschiedenen Formen der Liebe zu lieben."*

Im Bemühen um das Gelingen von Beziehungen müssen wir es immer wieder lernen, den anderen frei zu geben. Ja, Raum geben scheint eine unabdingbare Voraussetzung für jede Partnerschaft.

Manchen, der nicht in einer festen Beziehung oder Partnerschaft lebt oder sich vielleicht nicht wieder so tief einlassen mag, schmerzen diese Erfahrungen vielleicht, und ihn mag die Fragen beschäftigen: „Ja, wie kann ich denn liebender werden. Ich würde auch gerne in einer Partnerschaft in der Liebe wachsen und reifen, aber mir ist das nicht möglich, weil ich alleine bin."

Wie können wir in unserer Liebesfähigkeit wachsen, auch wenn wir nicht in einer festen Beziehung leben?

Es geht hier um unsere innere Einstellung: Wie begegne ich den Menschen, mit denen ich im Alltag zusammen bin? Gucke ich z. B. in der Straßenbahn oder wenn ich unterwegs bin, immer weg, ignoriere ich andere Menschen oder sehe ich, wenn jemand meine Hilfe braucht? Bin ich offen und aufmerksam für die Menschen um mich herum? Wage ich, anderen Menschen im Gespräch in die Augen zu schauen? Und das können Freunde, Arbeitskollegen oder auch Fremde sein. Es kommt nicht auf das „Objekt" unserer Liebe an, daß es da einen einzigen bestimmten Menschen gibt, dem wir unsere Liebe schenken, sondern mehr auf unsere Liebesfähigkeit. Wie sehr sind wir bereit, Risiken einzugehen, zu wagen, unsere Liebe zu zeigen, auch mit der Angst, dann offener, und verletzlicher zu sein? Der Weg der Liebe ist nicht ein Weg der Sicherheit und Gefahrlosigkeit, sondern ein Weg, immer mehr unser Herz zu öffnen, immer mehr wagen zu lieben, uns für die Liebe zu riskieren, wach für unsere vielfältigsten Gefühle auf dem Weg zu sein. Ein Mann erzählt: *„Damals als meine Frau starb, war das unendlich schlimm für mich. Ich bin in Abgründe gestürzt, aber ich habe auch zum erstenmal in meinem Leben Freundschaft erfahren. Früher hatte ich nie Freunde, war viel allein, und jetzt in dieser Krise waren Menschen da, die mich begleitet haben. Das Entscheidende war, daß ich so weit unten war, daß ich die Hilfe und die Nähe auch annehmen konnte, ja mußte, weil ich es allein nicht mehr konnte. Früher habe ich immer ausgestrahlt: ‚Ich schaffe alles alleine, ich brauche niemanden' und war mächtig stolz darauf. Aber nach dem Tod ging es mir so dreckig, daß ich es eben nicht mehr allein konnte, ich brauchte die Nähe von anderen – und es war ein großes Geschenk, daß Menschen da waren. Ich habe mit dem Tod meiner Frau meine große Liebe verloren, aber ich habe Freundschaften gewonnen, und das ist sehr, sehr viel wert. Die Freunde sind jetzt für mich meine ‚Seelenfamilie'. Ich weiß, daß* *ich jederzeit, auch nachts, anrufen kann. Ich sehne mich schon auch wieder nach einer Partnerschaft, jetzt nach sechs Jahren, aber neulich dachte ich: Das Maß an Liebe, das ich jetzt für meine Freunde empfinde und auch wie ich geliebt werde, das wird sich nicht ändern, auch wenn ich eine Partnerin finden würde, es würde sich vielleicht nicht so weit verstreuen. Was ich sagen will ist, daß ich mich von den Freunden genauso geliebt fühle wie von einer Partnerin und sie auch so liebe. Das ist schön. Ich glaube auch, daß mein Maß an Glück sich nicht unterscheiden würde. Auch in der Partnerschaft ist man oft einsam, vielleicht erlebt man anderes Glück, aber nicht das Maß; denn ich habe auch sehr glückliche Momente mit mir zusammen oder mit Freunden, klar, auch unglückliche und einsame, wie man sie auch in der Partnerschaft hat. Vielleicht wäre manches Alltägliche einfacher, aber darum geht es ja nicht."*

Freundschaften, die Nähe zu anderen, sich bei ihnen geborgen zu fühlen, schaffen für viele Menschen ein tragendes Netz. Für Freundschaften mit anderen Menschen ist ganz entscheidend, wie wir mit uns selbst umgehen. Wie dieser Mann es beschreibt: Früher war er hart mit sich, er war unerreichbar für andere Menschen. Durch das Zulassen seiner Schwäche, des Nicht-mehr-alleine-Könnens, erfährt er Nähe und Zuwendung von anderen und kann sie auch weitergeben. So wie wir uns auf uns selbst beziehen, so beziehen wir uns auch auf andere. Kennen wir uns selbst einigermaßen, sind vielleicht sogar neugierig, durch den Kontakt mit anderen Menschen mehr von uns zu erfahren, so sind wir viel angstfreier und offener in der Beziehung mit anderen.

Wenn wir in einer offenen, freudigen Einstellung in der Welt unterwegs sind, werden wir viele bereichernde Begegnungen haben. Eine Frau beschreibt dies sehr eindrücklich:

„Neulich hatte ich einen richtig guten Tag, alles gelang mir irgendwie, und ich fühlte mich in Liebe mit mir und der ganzen Welt. Ich fuhr spät abend mit dem Zug nach Hause. Mir gegenüber saß ein Mann, der sehr bedrückt aussah. Da ich mich so wohl mit der Welt fühlte, hatte ich den Mut, ihn anzusprechen. Und wir kamen dann in ein sehr ehrliches und intensives Gespräch. Er hatte im Beruf alles auf eine Karte gesetzt und nun das meiste verloren. Wir sprachen über seine Verzweiflung, über den Sinn im Leben, über Geld und über Beziehungen. Ich glaube, daß ihm das Gespräch sehr

gut getan hat. Als ich nach einer Stunde in Frankfurt aussteigen mußte, verabschiedeten wir uns mit einer Umarmung, einem Kuß und einem Dank für die Begegnung. Obwohl ich ihm überwiegend zugehört hatte, fühlte auch ich mich reich beschenkt: In so kurzer Zeit waren wir uns sehr nah gekommen und konnten auch so wieder auseinandergehen, ohne Verbindlichkeiten auszutauschen. Es war das Geschenk dieses Augenblickes, des Zusammenseins für diese Stunde, die wichtig war."

Wenn wir uns offen auf Begegnungen einlassen, so können wir erfahren, wie kostbar und heilend wir Menschen füreinander sein können. Unser Herz ist dann weit und fragt nicht: Lohnt es sich? Was wird daraus? Was geschieht mit mir? sondern spürt zu dem anderen hin. Wir können erst unseren Nächsten lieben, wenn wir uns selbst lieben, mit uns selbst im Einklang und nicht bedürftig sind, daß der andere uns liebt. Wir können uns dann von diesen Gleichungen lösen.

Ein Mann erfährt dies von einer Unbekannten: *„Ich saß am Meer und weinte. Es war genau der Todestag meines Freundes vor einem Jahr, und alle Erinnerungen unserer letzten gemeinsamen Stunden kamen wieder in mir auf. Ich war so traurig und saß im Sand und weinte. Da kam zuerst ein Hund zu mir und schnupperte an mir herum. Kurze Zeit später stand seine Besitzerin neben mir. Als sie merkte, daß ich weinte, setzte sie sich einfach neben mich. Sie fragte nicht gleich etwas, sondern legte einfach ihre Hand auf meinen Rücken. Das tat mir gut, es löste zwar noch mehr Tränen, aber das war auch gut. Nach einiger Zeit erzählte ich ihr dann von meinem Freund, unserer Liebe und seinem Sterben. Sie hörte mir einfach zu, war innerlich bei mir. Nach einiger Zeit wurde ich dann wieder ruhiger, und ich fühlte mich durch ihre Gegenwart und die ihres Hundes getröstet. Sie fragte mich dann noch, ob ich mit zu ihr kommen wolle, um einen Tee zu trinken, aber ich wollte noch ein wenig so getröstet in der Stille bleiben. Ich fühlte mich im Schmerz bei mir angekommen, und ich war ihr tief dankbar dafür."*

Immer wieder sind wir von dem Text von Khalil Gibran berührt, der all dies, was wir versucht haben, in dem Kapitel auszudrücken, in den nachfolgenden Zeilen besingt:

Von der Liebe

Winkt dir die Liebe, so folge ihr, sind auch ihre Wege hart und steil.
Und umfahren dich ihre Flügel, so ergib dich ihr.
Mag auch das unterm Gefieder verborgene Schwert dich verwunden.
Und redet sie mit dir, so trau ihrem Wort,
Mag auch ihre Stimme deine Träume erschüttern,
wie der Nordwind den Garten verwüstet.
Denn gleich, wie die Liebe dich krönt, wird sie dich kreuzigen.
Wie sie deinen Lebensbaum entfaltet, wird sie ihn beschneiden.
Wie sie emporsteigt zu deiner Höhe und die zartesten Zweige liebkost, die in der Sonne erbeben,
Ebenso wird sie hinabsteigen zu deinen Wurzeln und sie aufrütteln in ihrem Festklammern am Erdboden.
Gleich Garben von Korn rafft sie dich an sich.
Sie erdrischt dich, um dich zu entblößen.
Sie siebt dich, um dich von Spreu zu befreien.
Sie zermalmt dich, bis du weiß wirst.
Sie knetet dich, bis du geschmeidig bist.
Und dann beruft sie dich an ihr heiliges Feuer, auf daß du heiliges Brot werdest zu Gottes heiligem Festmahl.
All dies soll Liebe dir antun, auf daß du kennst das Geheime deines Herzens und in diesem Wissen ein Bruchteil werdest vom Herzen des Lebens.
Doch suchtest du in deiner Angst nur der Liebe Ruh' und der Liebe Lust, dann tätest du besser, deine Nacktheit zu verhüllen und der Tenne der Liebe zu entfliehen.
In die Welt, wo du wirst lachen, doch nicht dein ganzes Lachen und Weinen, doch nicht all deine Tränen.
Liebe besitzt nicht und läßt sich nicht besitzen.
Denn Liebe genügt der Liebe.
Wenn du liebst, so sage nicht: „Gott ist in meinem Herzen"
sag lieber: „Ich bin in Gottes Herzen."

Khalil Gibran

✱ 1973 Patmos Verlag GmbH & Co. KG
Walter Verlag, Düsseldorf und Zürich

Wenn Sie das vorausgegangene Thema im Erleben für sich selbst vertiefen möchten, bieten wir Ihnen folgende Impulse an:

1. Ich nehme dich wahr

Durch diese Übung können Sie in eine tiefe, seelisch emotionale Beziehung zu einem anderen Menschen treten.

Wenn Sie diese Übung über längere Zeit mit einer Partnerin zusammen machen und wenn Sie sich Zeit dafür nehmen, kann es ihnen möglich werden, den geistig spirituellen Kern des anderen wahrzunehmen oder zu erleben.

Am Anfang ist es vielleicht schon viel, die Übung zwei bis drei Minuten lang zu machen. Später können Sie sie beliebig zu einer Stunde oder mehreren Stunden ausdehnen. Sie werden dann Zugang zu ganz andersartigen spirituellen Erfahrungen und Dimensionen bekommen.

Setzen Sie sich ihrer Partnerin gegenüber auf einen Stuhl. Der Abstand zwischen ihnen sollte so nah sein, daß die Knie sich noch nicht berühren, sich aber nahe sind, daß Sie sich gut in die Augen schauen können.

Sehen Sie sich erst einmal schweigend an. Betrachten Sie das Gesicht, die einzelnen Teile und die Züge sowie den Ausdruck ihres Gegenübers. Versuchen Sie, die andere Person *wirklich zu sehen*. Es sollte kein Anstarren sein, aber auch kein „Ausdenken" des anderen.

Suchen Sie sich dann eines der beiden Augen aus und lassen ihr eigenes Schauen in den Augen ihrer Partnerin ruhen.

Schauen Sie sich nun ohne Unterbrechung in die Augen, nehmen Sie nur wahr, ohne zu bewerten!

Wahrnehmen, wahrnehmen, wahrnehmen und dabei bleiben!

Vielleicht ist es am Anfang noch so, daß dabei allerlei Gedanken durch ihren Kopf ziehen. Nehmen Sie auch diese einfach nur wahr und lassen Sie sie weiter ziehen. Sie werden feststellen, daß die

Gedanken und unruhigen Gefühle mit der Zeit immer weniger werden.

Es kann sein, daß Sie Hunderte von unterschiedlichen Gesichtern in dem anderen sehen werden, viele unterschiedliche und wechselnde Gefühle in den Augen entdecken, und am Ende wird es Ihnen vielleicht möglich, *die potenzielle Leere, den leeren Spiegel der Stille, das Gesicht vor dem Gesicht* zu sehen.

2. Welches unerledigte Geschäft haben Sie noch?

Wenn sie jetzt sterben würden, wo würden Sie noch etwas Unausgesprochenes zurücklassen? Sei es ein nicht gesagter Dank oder Ihre Zuneigung zu zeigen oder auch Unstimmigkeiten zu klären oder Ihre Schuld, daß etwas nicht richtig war, auszusprechen? Vielleicht geht es auch darum, noch Sachen zu erledigen oder etwas zu regeln? Was würde Sie belasten, was wäre unerledigt, wenn Sie jetzt sterben würden?

3. Das Schreiben von einem Abschiedsbrief

Wenn Sie jetzt sterben würden und Sie hätten noch eine Stunde Zeit und die Möglichkeit, einen oder mehrere Abschiedsbriefe zu schreiben, an wen würden sie schreiben? Und was würden Sie schreiben? Schreiben Sie einen allgemeinen Abschiedsbrief oder unterschiedliche an einzelne Menschen?
Oder möchten Sie anstatt eines Briefes lieber ein Bild, eine Collage oder etwas anderes als Ausdruck Ihres Lebens hinterlassen? Oder komponieren sie lieber ein Musikstück oder schreiben Sie ein Gedicht?
Spüren Sie in sich hinein, welche Ausdrucksweise für Sie stimmt, und wem Sie was mitteilen möchten.

Ein Abschiedsbrief – ein Erfahrungsbericht

Noch eine Stunde zu leben und diese nicht mit jemanden zu teilen – Schwere und Einsamkeit überfällt mich zunächst bei dem Gedanken. Ja, ich will einen Brief hinterlassen.

Nicht einen Brief an eine bestimmte Person, nein, einen an all meine Freunde.

Im Moment ist für mich zu niemanden etwas ungesagt oder im Schwierigen.

Ich gehe mit Dank, aber auch mit Wehmut. So wie Khalil Gibran sagt „Eine Träne und ein Lächeln". Und mit viel Dankbarkeit.

Zunächst der Dank an Euch, meine Freunde. Ihr habt mich im Leben durch viele dunkle Zeiten getragen, jeder mit seiner unterschiedlichen Kraft, Art und dem ihm eigenen Lebensimpuls. Ich kann mir gar nicht vorstellen, wie mein Leben ohne Euch gewesen wäre! Durch Euch wurde es voll, reich und lebendig. Durch Euch bin ich die, die ich bin, und ich bin gerne so, wie ich jetzt bin. Wie es für Euch ohne mich wird!

Ich bin dankbar, daß ich soviel von Menschen bekommen habe und vieles weiter geben durfte. Es erfüllt mich, daß ich weiß, daß ich Euch, aber auch andere durch mein Dasein auch beschenkt habe. Denn dafür sind wir ja hier.

Ein Abschiedsbrief ist für mich auch ein Rückblick auf mein Leben. Mein Leben hat sehr viel Schmerzliches, wie wohl jedes Leben hier auf der Erde, aber auch sehr viele tiefe, beglückende und erfüllende Erfahrungen. Ich möchte es so und nicht anders gelebt haben, auch wenn ich in manchen Entwicklungen etwas später dran war, dafür in anderen Bereichen vielleicht früher. Gerade in den letzten Monaten hatte ich das Gefühl, immer jünger zu werden. Ich würde dieses Lebensgefühl gerne noch weiter leben, jetzt, wo mir das Leben leichter zu werden scheint, aber ich habe unendlich viel gelebt!

Wichtig war für mein Leben auch die Beziehung zu Gott. Ich habe lange Zeit geglaubt, ihm über gute Leistungen nahe zu sein, mußte mir seine Nähe verdienen. Dann in den dunklen Zeiten, lernte ich mich über meine Tränen und meine Verzweiflung in seine Hände fallen zu lassen. Ich fühlte mich in all dem Schweren von dieser größeren Kraft getragen, geliebt und aufgehoben. Das ist ein schönes, tiefes Gefühl, und ich hoffe, daß es mir auch im Sterben hilft, mich seiner Hand anzuvertrauen. Vielleicht eine kindliche Hoffnung, aber ich hoffe, daß, je mehr ich dieses Vertrauen im Leben lerne, es mich auch im Sterben über die Schwelle hinübertragen wird. Nicht, daß ich glaube, keine Angst mehr zu haben. Nein, ich werde Angst haben, denn ich weiß nicht, wie dieser Weg geht, wie

Sterben geschieht. Aber ich hoffe, daß die Angst nicht mein ganzes Wesen packt, daß es noch ein Rufen und Finden von Gott gibt, daß er mir helfen möge, diesen Weg zu gehen.

Ich gehe mit viel Dankbarkeit und Fülle: Es war gut so, wie es war. Ich habe geliebt und bin geliebt worden, und mit diesem Gefühl gehe ich. Danke. Danke. Danke.

4. Museum der Erinnerungen

Spuren unserer früheren Beziehungen wirken immer mit in die nächste Partnerschaft hinein. Vielleicht gehören auch Sie zu den Menschen, die ihre alten Briefe, Fotos, Symbole aufheben und sammeln. Vielleicht mit der Hoffnung, sie später irgendwann, vielleicht im Altersheim, einmal zu lesen? Vielleicht aber auch, um zu wissen, das war einmal, die Erinnerungen festzuhalten, vielleicht aus der Angst, sie sonst zu vergessen?

Häufig bindet dieses Festhalten und Sammeln viel von unseren Energie, auch wenn wir uns dessen gar nicht bewußt sind.

Vielleicht mögen Sie einmal all ihre Briefe und Erinnerungssymbole aus vergangenen Beziehungen hervorholen und auf sich wirken lassen. Schön ist es, wenn Sie die Erinnerungen mit einem anderen Menschen teilen und über die Beziehungen erzählen.

Nehmen Sie sich Zeit dafür. Schreiben Sie dann an die Menschen, von denen Sie sich etwas mehr lösen wollen, einen Abschiedsbrief. Schreiben Sie auf, was die Beziehung für Sie bedeutet hat, was Sie von dem anderen gelernt haben, was Sie aus der Beziehung mitnehmen. Danken Sie dem anderen für die gemeinsame Zeit. Nehmen Sie auch Abschied in diesem Brief. Überlegen Sie sich dann, von welchen Dingen, welchen Briefen und Symbolen Sie Abschied nehmen können. Ein schönes Ritual ist es, wenn Sie dann ein großes Feuer machen und diese Erinnerung der verwandelnden Kraft des Feuers übergeben können.

Ich nehme mich mit ... – ein Erfahrungsbericht

Nun sitze ich vor all meinen Liebesbriefen. Es hat mein Herz ganz erstaunt und gewärmt, wieviel ich an Liebe von anderen erfahren habe. Es ist ein großer Reichtum. Die meisten Briefe, Fotos und Andenken sind von Erwin. Ich habe sie lange gehütet. Sein Tod ist nun schon neun Jahre her, aber im Inneren hänge ich noch immer an ihm, was ich gar nicht gedacht hätte. Aber ich kann es jetzt spüren,

130

wenn ich die Briefe und die vielen Symbole, die mich an ihn erinnern, sehe, z. B. sein Hemd, das so besonders war, das er so gerne getragen hat. Es zeigt irgendwie alles von seiner Person, da drin ist er ganz zu erkennen, von dem konnte ich mich nie trennen. Das war mir zu kostbar. Oder auch seinen einen Ohrring, den er zu bestimmten besonderen Gelegenheiten trug. Und nun spüre, ich muß nochmal Abschied nehmen, dabei habe ich doch schon so, so oft um ihn getrauert: Wie tief die Spuren der Verbindung doch gehen können! Als ob immer noch mal viel tiefere Schichten hochkommen, von denen ich gar nichts wußte. Aber ich spüre, daß ich auch wieder eine neue Beziehung zu einem lebenden Mann leben möchte. Ich möchte mich wieder ganz einlassen.

Ich schreibe ihm nochmals einen Dankesbrief. Beim Schreiben spüre ich, daß mein Bedürfnis, ihm mitzuteilen, daß ich weitergehen muß und will, groß ist. Ja, wenn er noch leben würde, hätte ihn das zutiefst getroffen, ihn im Inneren vernichtet, wenn ich mich getrennt hätte. Aber er lebt doch nicht mehr! Also ihm sagen: Erwin, ich muß, ich will gehen. Ich will im Leben wieder lieben, du weißt doch, wie sehr ich das bin, bitte verstehe.

Ich wage ihn dann sogar darum zu bitten, daß er mir hilft, einen neuen Partner zu finden.

Dann haben wir, meine Freundin und ich, den Kamin angezündet. Auch sie hat auf ihre vergangenen Liebesbeziehungen zurückgeblickt und will sich von einigem trennen: Zuerst wirft sie etwas rein und sagt: „Klaus, ich lasse dich gehen, ich lasse dich los, und ich nehme mit, daß ich auch zu meiner Kraft stehen darf." Ihre Sachen verbrennen, und es ist schön und ermutigend, auch beruhigend zu sehen, wie daraus neue Energie entsteht. Dann gehe ich zum Feuer, zuerst werfe ich einige unserer Hochzeitsbilder hinein, dann seinen Ohrring, spüre nach, daß es gar nicht so sehr schmerzt, daß ein ganz neues Gefühl entsteht. Meine Sehnsucht, wieder zu einer neuen Beziehung ja zu sagen, gibt mir die Kraft. Ich sage: „Ich laß dich los, ich lasse dich gehen, und ich nehme mit – ja, ich nehme mich mit, und darin bist du enthalten."

Ich fühle mich danach ganz leicht und befreit, staune darüber, das hätte ich nie gedacht.

*

Es gibt nur ein einziges Glück und das heißt lieben.
Hermann Hesse

7 ALLES WIRD NEU
Von der Natur

Vom Weinstock und den Reben
Dem Weinstock werden die Reben
im Herbst so furchtbar schwer,
und um zu überleben,
gibt er sie einfach wieder her.

Konstantin Wecker

„Ich bin in einem Ferienhaus, das ganz in der Natur liegt. Als ich am Morgen auf die Terrasse trete, liegt vor mir ein toter Vogel. Ich bin erschrocken. Federn von ihm liegen zerstreut am Boden und am Genick hat er eine Bißwunde. Es zieht mein Herz zusammen. Wahrscheinlich hatte unser Kater ihn getötet. Ich denke: Wie grausam ist die Natur im Töten des Schwächeren. Hier setzt sich der Stärkere durch. Auch am Vortag hatte ich das beobachtet: Ich hatte am See Schwäne gefüttert. Einer der Schwäne hatte eine Verletzung am Bein und konnte nicht richtig schwimmen. Die anderen Schwäne waren natürlich immer schneller und schnappten sich alles Brot. Schon da dachte ich: Der Behinderte wird ausgeschlossen, zurückgelassen. Er wird verhungern. Er hat keine Chance, sich im Überlebenskampf der Natur durchzusetzen. Das Gesetz der Natur ist doch grausam."

In der Natur erleben wir immer wieder die grausame Seite des Todes und des Tötens: Die Schnecken fressen die Pflanzen, die Katze die Mäuse und Vögel ... Oft hinterläßt ein solches Erleben ein Erschauern und das Gefühl der Unfaßbarkeit. Wie gern wünschten wir uns die Natur als gut und heil, und oft erfahren wir sie auch als sehr heilsam. Sie zeigt uns aber beide Seiten: das Heilende und Tötende. In der Natur begegnen wir unweigerlich den beiden Polen der Ordnung: Leben und Tod. Eins bedingt das andere. Ohne den Tod gibt es kein neues Leben, wenn die Blätter im Herbst nicht abfallen, dann können im Frühjahr keine neuen kommen.

Kaum etwas lehrt uns soviel und so umfassend über den Tod, über die Vergänglichkeit, über das Vertrauen in den Wandel, wie die

Natur. Im Herbst zeigt sie uns so deutlich die Vergänglichkeit: Das Färben der Blätter erfüllt uns einerseits mit Wehmut, andererseits erkennen wir in dem Leuchten der lichten Farben, wie sehr sich die Natur dem Tod hingibt: Sie blüht noch einmal ganz auf, gibt alles, mit Feuer und Hingabe, bevor sie sich dann dem Fallen überläßt. Der Herbst bedeutet für viele Menschen Abschiednehmen, fallen lassen, loslassen. Der Herbst und dann der Frühling lehren uns jedes Jahr wieder, der Kraft des ewigen Wandels zu vertrauen. Wenn wir doch so in der Fülle loslassen könnten und uns dem Wandel so anvertrauen, uns so verschenken könnten, wie es die Blätter tun, wenn sie rot glühend vom Baum fallen! Schon dieses Fallen ist eigentlich kein Fallen, sondern ein Schweben, manchmal vom Wind stürmisch mitgenommen, manchmal gleiten sie im eigenen Rhythmus und eigener Geschwindigkeit zum Boden.

Nehmen wir das Geschehen der Natur ganz in uns auf, dieses Gesetz des Kommens und Gehens, so kann uns das zu Fragen anregen: Wie bereit bin ich, im Leben loszulassen, mich dem Strom der Verwandlung anzuvertrauen? Vielleicht geht es uns in unserem Leben ja ähnlich wie der Natur in ihrem Jahreskreislauf, daß wir mehrere Male „sterben", loslassen, so wie die Natur es jeden Herbst erlebt. Halte ich lange fest, wehre ich mich gegen die Wandlung, oder kann ich mich diesem Prozeß leicht übergeben? Diese Frage können wir uns bei kleinen Ereignissen oder auch größeren stellen: Im kleinen z.B. kann ich flexibel sein, wenn ich dachte, es wird schönes Wetter, um eine Wanderung zu machen, und es regnet in Strömen. Oder wenn in einem Restaurant gerade mein Lieblingsessen ausgegangen ist, auf das ich mich schon gefreut hatte. Und im größeren: Wie bereit sind Sie, Veränderungen in Beziehungen zuzulassen? Manchmal heißt es, von einer Freundin loszulassen, damit neue Beziehungen sich öffnen können, oder von Lebensabschnitten. Wie gehen Sie mit Veränderungen um? Können Sie sich so hingeben, loslassen, wie das Blatt im Herbst? Ernesto Flammer schreibt: *„Uns als einen ständig fortlaufenden Schöpfungsprozeß zu erleben – darin liegt vielleicht unsere große Befreiung."* Damit Neues entstehen kann, muß Altes sterben, müssen wir loslassen.

Wenn wir uns für das Geschehen in der Natur öffnen, können wir sehr viel von ihr lernen. Dafür müssen wir innerlich still werden, unser mentales Geplapper, unser Beschäftigtsein mit anderen Dingen muß aufhören, damit wir hören können, was die Natur zu uns sagt: *„Ich mache meistens den gleichen Spaziergang, weil ich es liebe wahrzunehmen, wie sich die Natur verändert. Ich lerne dadurch so viel von ihr: vom Wandel, der Veränderung, aber auch der Beständigkeit. Der Wald ist ja immer da und mir auch schon sehr vertraut. Ich habe das Gefühl, daß ich viele Bäume ,richtig kenne'. Vielleicht bleibe ich dann stehen und schaue einen Baum intensiver an. Ich lasse dann z.B. seine Gestalt einfach auf mich wirken. Ich schaue, was er in mir anspricht, und dann fange ich ein Gespräch mit dem Baum an: manchmal darüber, warum wohl ein Ast von ihm abgebrochen ist oder warum er so eine große Wunde hat, oder ich sage ihm, daß er wunderbar gewachsen ist. Es gibt soviel zu erkennen und in ein Gespräch mit hineinzunehmen. Wenn ich dann so zu dem Baum rede, merke ich, daß ich von jedem Baum etwas lernen kann. So zeigt er mir z.B., mich einfach zu verschwenden oder weiterzuwachsen, auch wenn die Wunde weh tut, oder er lehrt mich, in einer Gemeinschaft zu stehen. Es geschieht, daß ich einem Baum oder einer Blume auch Fragen stelle, und durchs Schauen und Schweigen entsteht dann eine Antwort in mir."*

Mit der Natur in einen Dialog zu kommen, so von der Natur zu lernen, vielleicht erscheint Ihnen das merkwürdig oder auch fremd, aber möglicherweise inspiriert es Sie, es auch einmal zu probieren. Gehen Sie mit einer Frage, die Sie bewegt, oder mit einem Problem in die Natur, und bleiben Sie dann vor einem Baum oder einer Blume, die Sie anspricht, stehen und warten Sie ab, ob sie durchs Schauen und Wahrnehmen Anregungen und Impulse, vielleicht sogar Antworten bekommen.

Wir können von der Natur, wenn wir sie wahrnehmend erschauen und beobachten, sehr viel von den Gesetzmäßigkeiten des Lebens lernen: Damit etwas neu erblühen kann, muß etwas losgelassen werden, dieses uralte Gesetz des Stirb und Werde. Wir erkennen die unbedingte Lebenskraft, wenn wir sehen, wie eine kleine Blume durch den Asphalt wächst, oder wenn wir sehen, welche Spuren der ständige Wasserstrom in einen Stein zeichnet. Lassen wir unseren bewertenden Verstand ruhig werden, können wir hinter all diesen Erscheinungen der Natur eine große Ordnung erfahren.

Und wir lernen, wie vielfältig die Natur ist: Jedes Blatt an einem Baum ist ganz einzigartig, die Adern laufen ganz anders, die Größe ist unterschiedlich, die Farbe. Jedes Blatt, jeder Baum hat seine eigene Lebensgeschichte. Und auch wie verschieden die einzelnen Pflanzen sind! Groß und stark, dann ganz weich und zart, wie eine Pusteblume oder der Mohn. Jedes ist in seiner Einzigartigkeit besonders und schön. Vielleicht können wir von der Natur lernen, auch unsere Einzigartigkeit anzuerkennen und zu bestaunen, anstatt sie beim anderen oder auch bei uns selbst zu bekämpfen. In der Natur passen eigentlich immer alle Farben zusammen, auch jene, von denen wir meinen, sie beißen sich. Schwingen in einem Ganzen miteinander. Auch wir können lernen, so miteinander zu schwingen.

Im Zusammenleben mit unseren Pflanzen können wir oft auch erschreckend erleben, wie sehr unsere Zuwendung Wachstum oder auch Sterben bedeutet. Vielleicht kennen Sie es auch, da haben sie eine Pflanze geschenkt bekommen, die Sie eigentlich nicht mögen, und Sie kümmern sich weniger um sie als um die anderen. Nach einigen Wochen sehen Sie dann mit Schrecken, wie sie droht einzugehen und wieviel besser die Pflanzen wachsen, denen Sie sich zugewendet haben, mit denen Sie vielleicht beim Gießen reden, zu denen Sie eine Beziehung haben. Dies spiegelt uns so deutlich die fördernde Kraft der Liebe und wie abhängig wir von dieser Kraft sind. Auch zeigt es, wie verwoben wir mit der Natur sind.

Durch die Natur erfahren wir sehr viel von der Relativität des Todes: Einerseits ist jedes Blatt einzigartig und es schmerzt, wenn es sterbend herabtaumelt, und doch gibt es unendlich viele Blätter, und in der Gesamtmenge macht der Tod eines Blattes nicht viel im Universum aus. So ist es auch mit unserem Tod: Für uns selbst und für die, die wir lieben, bedeutet unser Tod unendlich viel – aber in der Gesamtbevölkerung sterben täglich viele tausend Menschen.

Von der heilenden Kraft der Natur

Wir können nicht nur von der Natur etwas über Tod und Vergänglichkeit lernen, sondern können uns auch ihrer heilenden Kraft öffnen. Gerade in Zeiten der Trauer oder der eigenen Erkrankung können wir durch die Natur Ruhe und Geborgenheit erfahren.

„Es ging mir sehr schlecht. Ich hatte viel zu viel getan, mich völlig überfordert, denn nach dem Tod meiner Frau vor einem halben Jahr habe ich immer noch nicht wieder die alte Kraft zum Leben. So lag ich ganz erschöpft und auch verzweifelt im Bett. Mein bester Freund war irgendwo im Urlaub, so daß ich ihn auch nicht sprechen konnte. Ich war schwer wie ein Zentnerklotz. Ich konnte einfach nicht mehr. Irgendwann kam mir dann der Gedanke, doch raus in die Natur zu gehen. Und das war unendlich gut. Die Natur war heilend wie eine Mutter für mich. Man sagt ja auch ‚Mutter Erde'. Ich fühlte mich hinterher von der Natur genährt."

Und eine Frau beschreibt ihre Erfahrung so: "Wenn ich in den Bergen bin, fühle ich mich immer sehr klein. Nicht im Negativen, nicht so, daß ich mich dann unwert fühle, nein, ich fühle mich in etwas viel Größeres mit hineingenommen. Mein Leben und das, was mir sonst so wichtig erscheint, wird in diesen Momenten so wohltuend klein und nichtig. Manchmal frage ich mich dann, was wohl die Berge über unsere Probleme denken! Sie, die schon soviel erlebt haben! Schon Generationen vor mir saßen hier Menschen und haben die gleichen Berge angeschaut. Sie sind unerschütterlich da. Stark und majestätisch schauen sie zu uns, reden zu uns: Mach dir keine Sorgen, was du meinst, was jetzt ganz wichtig ist, erschüttert nicht die Welt. Ich fühle durch sie einen Hauch von Ewigkeit. Sie stehen ja schon seit Jahrtausenden dort und werden noch Jahrtausende nach meinem Tod dastehen! Mir das zu vergegenwärtigen relativiert meine Probleme. Ich fühle mich dann aufgehoben in dieser viel größeren Ordnung."

Die heilende Kraft der Natur besteht darin, daß sie uns aus unserer Gefangenschaft des kleinen Ichs, das eingefangen ist in Sorgen und Ängsten, herauslöst und in einen größeren Zusammenhang stellt. Die Natur hilft uns, uns für die Wunder, für das Werden und Wachsen wieder zu öffnen und weckt somit auch wieder unsere eigene Lebenskraft. Sie zeigt uns das Leben in seiner Fülle und Vielfalt, zeigt uns die Beständigkeit in all dem Wandel. Die Natur kann uns mit unserer Lebenskraft verbinden: trotz der Unsicherheit, trotz aller Vergänglichkeit leben zu wollen, denn der Lebenswille der Natur ist unverwüstlich. Stärkeres Leben setzt sich durch, die größere Pflanze wächst über die kleinere hinaus, der Baum wächst trotz eingeritzter

Rinde weiter. Die Natur spricht von der Kraft des Wachsens und Lebens. Sie verbindet uns auch mit der Kraft der Hoffnung in uns. Erleben wir sie intensiv, so verwandelt sie uns in unserem Inneren. Die inneren Bilder können uns dann in schweren Zeiten ermutigen.

Die Natur hat heilende Kraft, weil wir durch sie das Wunder der Schöpfung erfahren, dessen Teil wir ja auch sind. In ihr können wir über die Schöpfung staunen und fühlen, daß auch wir in dieses Wunder mit hineingenommen sind, und sie hilft uns, aus unserem Gefühl der Einsamkeit und Isolation herauszutreten. Wir fühlen uns dann aufgehoben. Emerson schreibt: *„Dort fühle ich, daß mich im Leben nichts treffen kann – keine Schande, kein Unheil, was nicht die Natur heilen kann. Wenn ich auf dem kahlen Erdboden stehe – meinen Kopf in die heitere Luft getaucht und in den unendlichen Raum erhoben –, schwindet eitle Selbstgefälligkeit dahin. Ich werde zu einem durchsichtigen Augapfel; ich bin nicht; ich sehe alles; die Ströme des universellen Wesens duchwogen mich; ich bin ein Teil oder Splitter Gottes"* (Ralph Waldo Emerson, Natur. Novalis, Schaffhausen 1981).

Tauchen wir ganz in die Natur ein, so lösen sich unsere Grenzen auf, wir erfahren, daß wir ein Teil der Schöpfung, dieser viel größeren Ordnung sind. Es gibt keine Trennung zwischen uns und dem Baum, sondern wir erleben uns in allem. Wir fühlen uns aufgehoben, alles ist gut und stimmig. Durch diese mystische Teilnahme, die participation mystic, erlebt der Mensch, daß er ein gemeinter und gewollter, ja notwendiger Teil des Ganzen und gleichzeitig selber ein Ganzes in sich ist. Das Wunder der Partizipation ist das Wunder, in der sich die Tanszendenz der Schöpfungsmacht offenbart, eins ist mit allem, was lebt und ist.

Nehmen wir die Natur nicht als selbstverständlich, dann erleben wir tiefe Ehrfurcht über ihre Wunder. Gerade auch wenn wir wissen, daß wir nicht mehr lange zu leben haben, erfahren wir Dankbarkeit und dieses ehrfürchtige Staunen sehr tief.

Die Größe der Natur kann uns überwältigen und das Loslassen vom Leben sehr schwermachen: nie wieder das Aufblühen der Blumen zu sehen, nie wieder eine Rose zu riechen, nie wieder den Sternenhimmel sehen, nie wieder einen Vogelruf zu hören! Im Abschiednehmen erfahren wir alle Schönheit und Kostbarkeit der Natur. Es schmerzt uns zutiefst. Die Natur spiegelt uns unseren Abschiedsschmerz, kann uns aber auch helfen loszulassen, wie es der an Aids erkrankte Karl erlebt:

„Es sind die ersten Maitage. Ich sitze warm eingepackt auf meinem Balkon, und mein Blick geht in die Weite, in das Grün. Unendlich zartes Grün. Meine Seele kann darin Ruhe finden, und ich frage mich, warum ich mir in gesunden Tagen so wenig Zeit genommen habe, die Natur ganz in mich aufzunehmen. Damals ging es für mich darum, lange Wanderungen zu unternehmen, ja vielleicht meine Kräfte mit der Natur zu messen. Jetzt – wo ich nichts tun kann – erlebe ich mehr. Es ist, als ob durch meine Schwäche sich die Grenzen zwischen mir und der Natur aufheben. Ich fühle mich als ein Teil der Natur, tauche ganz in sie ein, und damit verliere ich die Angst vor meinem Sterben. Sterben heißt für mich in diesen Momenten, in die Natur eintauchen zu dürfen, ganz in die Weite zu gehen.

Manchmal mischt sich auch Abschiedsschmerz mit hinein. Ich weiß, ich werde zum letzten Mal das Aufblühen der Knospen erleben, zum letzten Mal sehen, wie dort alle Kraft zum Leben hindrängt, während sie in mir verlischt. Aber der Abschiedsschmerz macht auch das Staunen größer: dieses zarte, helle, ja noch ganz reine und jungfräuliche Grün der neuen Blätter! Ja, auch ich stand einmal mit so ganzer Kraft im Leben – jetzt bin ich aber selbst im Herbst – wann und wie wohl ein neuer Frühling kommen wird!"

IMPULSE

Wenn Sie das vorausgegangene Thema im Erleben für sich selbst vertiefen möchten, bieten wir Ihnen folgende Impulse zur eigenen Auseinandersetzung an:

1. Die Natur mit anderen Augen sehen

Wie oft stellen wir nach einem Spaziergang durch die Natur fest, daß das, was wir in uns aufnehmen konnten, nicht dem entsprach, was wir im tiefsten Herzen ersehnten, daß wir die Schönheit der Natur nicht wirklich sehen konnten.

Zur Vertiefung der Wahrnehmung bieten wir Ihnen eine wunderbare und ganz einfach auszuführende Übung an.

Sie können die Übung alleine oder auch zu zweit machen. Voraussetzung ist, daß jeder bei sich bleibt und Stille bewahrt.
Wenn Sie diese Übung häufiger machen, werden Sie eine wichtige Veränderung in sich selbst wahrnehmen: Sie lernen dann, auch Probleme, Fragen oder kritische Situationen mit diesem **weichen Blick** zu erforschen, und Sie erfahren, daß sich auf diesem Weg ganz mühelos eine andere Sichtweise und andere Lösungen einstellen.

Gehen Sie hinaus in die Natur.

Stellen Sie sich erst einmal ruhig hin und verändern Sie dann ihren Blick.

Sie schauen nun nicht mehr fixierend oder schweifend vor sich hin, sondern Sie lassen ihren Blick einfach entspannt geradeaus schauen, weder nach oben noch nach unten, weder direkt vor ihre Füße noch weit, weit in die Ferne. Sie haben einen **nicht fixierenden** Blick. Der Blick ist weich, entspannt, sanft, und Sie schauen einfach immer weiter geradeaus, lassen ihn aber nicht umherschweifen.
Nun gehen Sie langsam los. Sie bleiben dabei mit ihrem Schauen verbunden. Sie werden feststellen, daß Sie absolut sicher gehen. Sie nehmen einfach *wahr*, ihre Wahrnehmung hat den Boden vor ihren Füßen wahrgenommen und weiß, wie der Weg ist. Der Blickwinkel, in dem Sie nun sehen können, ist viel weiter geworden, als beim gewöhnlichen Sehen.
Der Radius des Blickes ist **weitwinklig** und bleibt mühelos so.
Sie werden feststellen, daß Sie sich in einem wohlig veränderten Bewußtseinszustand befinden. Auch das Gefühl des Gehens verändert sich, Sie gehen mühelos, und Sie haben das Gefühl der Schönheit ihres Gehens.

Wie Sie nun die Natur sehen?
Wir werden es nicht beschreiben ...
Sie werden es erleben und großes Glück erfahren.

2. Sehen und Zeichnen

Mit diesem Impuls möchten wir Ihnen einen Weg anbieten, eins zu werden mit der Natur. Diesen Weg beschreibt Frederick Franck in seinem Buch: Zen in der Kunst des Sehens:

„Nehmen Sie einen einfachen Skizzenblock und Bleistifte und gehen Sie damit raus in die Natur. Setzen Sie sich irgendwohin. Sitzen Sie einfach nur da und entspannen Sie sich.

Nun lassen Sie Ihren Blick auf das fallen, was gerade vor Ihnen liegt. Es kann eine Pflanze sein oder ein Strauch oder ein Baum oder vielleicht ein Grasbüschel. Schließen Sie dann fünf Minuten die Augen und visualisieren Sie, was Sie gerade gesehen haben. Nun öffnen Sie Ihre Augen wieder, und richten Sie sie auf das, was Sie eben betrachtet haben – die Pflanze, das Blatt, den Löwenzahn. Schauen Sie ihm in die Augen, bis sie fühlen, es schaut zu Ihnen zurück. Spüren Sie, daß Sie mit ihm allein auf der Welt sind! Es ist die wichtigste Sache im Universum. Es birgt alle Rätsel des Lebens und des Todes. Sie sind tatsächlich darin enthalten! Jetzt schauen Sie nicht mehr nur, Sie sehen ...
Nehmen Sie nun Ihren Bleistift locker in die Hand, und während Ihre Augen sich auf die Pflanze konzentrieren, erlauben Sie Ihrem Stift, auf dem Papier dem zu folgen, was Ihr Auge wahrnimmt. Spüren Sie die Pflanze, als ob Sie ihre Konturen mit der Spitze Ihres Stiftes streicheln, umfassen würden. Überlassen Sie die Bewegung einfach Ihrer Hand! Sehen Sie nicht nach, was auf dem Papier entsteht, es ist völlig unbedeutend! Falls Ihr Stift vom Papier abkommt, macht das auch nichts. Fangen Sie einfach wieder an. Lassen Sie nur Ihre Augen nicht abschweifen, und heben sie Ihren Stift nicht vom Papier ab! Und vor allem: Strengen sie sich nicht zu sehr an, denken Sie nicht an das, was Sie zeichnen, lassen Sie nur Ihre Hand dem folgen, was ihr Auge sieht. Liebkosen Sie das Blatt, den Grashalm ...“ (Lit. Frederick Franck, Zen in der Kunst des Sehens. Ariston, München 1998 S. 20–21).

3. Abschiednehmen von der Natur

Nehmen Sie sich eine halbe Stunde Zeit. Stellen Sie sich vor, daß es die letzte halbe Stunde Ihres Lebens ist, um von der Natur Abschied zu nehmen. Gehen Sie dann langsam und schweigend raus und nehmen Sie Abschied von den Bäumen, der Erde, dem typischen Geruch der Jahreszeit, dem Singen der Vögel, dem Rauschen der Blätter ...
Lassen Sie das alles in einer tiefen Ruhe und einem abschiedlichen Wahrnehmen geschehen. Spüren Sie nach, welche Gefühle und Gedanken Sie in dieser Zeit haben.

Erfahrungsbericht

Zuerst denke ich: Nein, ich will nicht Abschiednehmen von der Natur! Sie ist mir zu kostbar. Und ich will doch noch den Frühling erleben. Wenn, dann wollte ich immer im Frühling sterben, aber doch nicht im Winter, wenn alles Leben so verborgen und wie im Schlaf ist! Ich gehe langsam, Schritt für Schritt raus und da nehme ich dieses typische knirschen des Schnees wahr. Es verbinden sich damit ganz viele Kindheitserinnerungen. Ich betrachte den Schnee: einerseits eine Masse und andererseits sehe ich auch die Schneeflocken, einzeln. Ob sie im Fallen wohl wissen, das sie in die Masse eintauchen, in ihrer Individualität verschwinden. Ob wir auch im Sterben so im Großem verschwinden? Und der Geruch! Ich liebe es, Schnee auf meiner Haut zu riechen! Dann gehe ich langsam zu einem Baum hin: betrachte ihn, wie er da so kahl steht. Ja, auch ich habe mich manchmal in meinem Leben so kahl, so ohne Leben gefühlt. Aber wenn ich genau hinschaue, kann ich schon ansatzweise die Knospen sehen. Wie mutig und waghalsig, jenseits aller Vernunft ist da die Natur! Die letzten Tage war es wärmer gewesen, und schon wagen sich die Knospen zu treiben, dringen vor zum Leben. Aber ich kann es nur wahrnehmen, wenn ich genau hinschaue. Ob es wohl auch bei mir so war: Wenn ich mich ganz leer fühlte, ob da schon im verborgenen die Keime wuchsen? Ich umarme aus Dankbarkeit und auch Mitempfinden den Baum: wieviel Kraft er hat. Nie wieder einen Baum, die knorpelige Rinde spüren! Ich kann es mir gar nicht vorstellen, es tut einfach weh.

Dann sehe ich staunend an einer Häuserecke, da wo es geschützt ist und die Sonne die letzten Tage hingestrahlt hat, wie schon die ersten Krokusse sichtbar werden! Wie freue ich mich darüber. Doch schon eine Ahnung vom Frühling!

Jetzt im Schnee scheint die Natur viel stiller, ja so wie in Watte eingetaucht. Vielleicht die stille Zeit, damit sich neues Wachstum vorbereiten kann!

Nach einiger Zeit kehre ich wieder zurück, in den Raum. In mir ist die Stille des Schnees und ein, ja demütiges Staunen. Wie oft bin ich achtlos an der Natur vorbeigerannt, ohne sie wahrzunehmen! Durchs Abschiednehmen habe ich sie ganz in mich hineingenommen, ist sie in mir. Vielleicht vollzieht sich bewußtes Abschiednehmen so: Wir müssen zuerst ganz intensiv warhnehmen, das, von dem wir Abschiednehmen in uns hineinnehmen, dann können wir auch im Äußeren loslassen, weil es in uns ist. Und eigentlich ist ja alles in uns!

*

Und ich werde gehen.
Und die Vögel werden bleiben und singen.
Jimenez

8 DIE SEELE WIRD IMMER JÜNGER
Vom schöpferischen Geheimnis

> Was heute noch eingebildet ist,
> wird morgen ausgebildet sein.
> Das will sagen, daß alles nur eine
> Frage der Sichtbarwerdung ist.
>
> Jean Gebser

An Tagen, an denen wir uns müde, wertlos oder depressiv fühlen, sind Lebensmüdigkeit und Resignation manchmal nahe. Wir haben das Gefühl, daß uns das Leben nichts mehr bieten kann, daß wir vielleicht zu alt sind oder daß es sich einfach nicht lohnt.

Es stimmt traurig zu erleben, wie Menschen ihre letzte Lebenszeit, eine eigentlich wichtige Epoche ihres Lebens, fast nur vor dem Fernseher verbringen oder sich offensichtlich langweilen und keine Wünsche und Ideen für die ihnen verbleibende Lebensspanne haben.

Von vielen Künstlern wissen wir, daß sie bis ins hohe Alter voller Vitalität und Schaffensdrang waren, daß sie sich eine große Jugendlichkeit und manchmal sogar kindliche Naivität, Schaffensfreude und Begeisterung für ihre Arbeit erhielten.

Der französische Maler Henri Matisse verbrachte am Ende seines Lebens viele Jahre im Rollstuhl oder im Bett. Bernard Berenson schreibt über ihn:

„Matisse lag, oder vielmehr saß in seinem großen Bett, über das eine große Tischplatte quer hinwegragte, die ausreichend Platz für sein Zeichenmaterial, für Stift und Kohle und gelbliches Papier in Hülle und Fülle bot. Rechts und links von ihm standen zwei drehbare Bücherregale in Reichweite. Zu seinen Füßen lagen mehrere schöne Angorakatzen.“

Und der Maler sagte über sich selbst:

„Aus dieser Krankheit, von der ich nur langsam genesen bin, habe ich für mich eine wichtige Lehre gezogen, die mein Leben seit dieser Zeit bestimmt: die Ärzte haben dich aufgegeben, sagte ich zu mir: Sie waren also überzeugt, daß dein Leben zu Ende sei. Dann ist die Zeit, die du von nun an noch leben wirst, ein Geschenk des Lebens an dich: jedes Jahr, jeder Monat, jeder Tag. Also machst du von nun

an nur noch das, was dir gefällt, ohne daran zu denken, was die anderen von dir erwarten und verlangen" (Auszüge aus dem Buch: Henri Matisse, hrsg. von Jack Flam. Könemann Verlag, Köln 1994, S. 375, 383).

Eine ältere Dame in einem Altenheim, die mit blitzwachen interessierten Augen alles um sie herum wahrnahm, äußerste einmal einen ganz verblüffenden Satz:

„Ich habe von meiner Seele gar nicht das Gefühl, daß sie so alt ist wie mein Körper. Ich kann das nicht verstehen, aber ich habe eher das Empfinden, sie wird jünger und jünger."

Diese Äußerung mag an ein schöpferisches Geheimnis rühren, das wir ganz vorsichtig vielleicht so benennen können: es ist nicht zwangsläufig so, daß wenn der Körper immer älter wird, wir im Seelischen auch schwer, müde und gebrechlich werden müssen.

Was ist dann aber *dieses schöpferische Geheimnis*, das es dem Menschen ermöglicht, sich lebendig und erfüllt zu fühlen? Und: Was können wir tun, um diese Möglichkeit in uns zu unterstützen?

Wenn wir in diesem Kapitel von dem Schöpferischen sprechen, unterlegen wir diesem Begriff eine weite, umfassende Bedeutung. *Schöpferisch meint hier eine **Lebenshaltung**, ganz allgemein einen Zugang zu einer unversiegbaren Quelle .*

Als menschliche Wesen verfügen wir über einen unendlichen Vorstellungsreichtum, über einen Gedanken- und Bilderreichtum und die Möglichkeit, uns eine ganz eigene Welt der *Phantasien* und *Erfindungen* aufzubauen.

Wir tragen eine reiche Welt von Gefühlen und inneren Bildern in uns. In der Regel wissen wir gar nicht, wie sehr wir in unserem Erleben, unseren Gefühlen, in unseren Wertungen, in unserem Glück und Leid, von dieser *lebensvollen Innenwelt* abhängig sind und wie stark wir diese *Innenbilder* auf die Welt dort draußen projizieren.

Dies wird deutlich, wenn mehrere Menschen den gleichen „Sachverhalt" schildern und erstaunt feststellen, wie unterschiedlich die individuellen Erlebniswelten der Menschen sind. Hieraus können wir zweierlei Botschaften ableiten:

Die eine besagt, daß ich mich immer mehr schulen kann, zu beobachten und betrachtend wahrzunehmen, daß sehr, sehr vieles von dem, was ich als „Realität" erlebe, durch meine subjektive Sehweise, meine inneren Bildern, die ich nach außen projiziere, entsteht. In dieser Erkenntnis liegt eine große Freiheitsmöglichkeit, die es mir erlaubt, meine Projektionen des Erlebens wieder mehr zu mir zurückzunehmen und mehr zu einem *neutralen Betrachter* dessen zu werden – *was ist* – ohne die vielfältigsten „subjektiven Geschichten" damit zu verbinden. Mit dieser Blickweise wird das Leben einfacher und weniger leidvoll, weil ich mich nicht mehr in dem Maße in jedes Erleben und jede Erfahrung verstricke. Ich erkenne immer mehr, wie wenig ich tatsächlich über die *Wirklichkeit weiß* und daß es auch gar nicht unbedingt immer notwendig ist, alles zu wissen, zu erklären und zu interpretieren, weil das alles ohnehin weitgehend nur auf meiner *subjektiven Projektion* basiert. In der Haltung:

was ist, ist!

liegt eine wunderbare Ruhe und Weiträumigkeit.

Die andere Botschaft, die ich mir bewußt machen kann, ist, daß wir ein großes Potenzial an Vorstellungen und Phantasien haben. Besonders in Phasen unseres Lebens, in denen unsere Entfaltungsmöglichkeiten begrenzt sind, wo wir durch Krankheit oder andere Behinderungen viele Aktivitäten nicht mehr ausführen können, haben wir *mit dem Vermögen, innere Bilder zu schaffen,* eine wunderbare Möglichkeit, trotzdem reich und erfüllt zu leben.

Wir haben in jeder Lebenslage den Weg *der inneren Immigration.* Damit ist nicht gemeint, daß ich Phantasien und Träume da lebe, wo ich eigentlich aufgefordert bin, lebendiges Leben zu verwirklichen. Phantasie sollte nie Flucht bedeuten. Die Hinwendung nach innen sollte nicht da gesucht werden, wo es eigentlich gälte, mein Leben so zu verändern, daß ich voller und befriedigter lebe. Was wir meinen ist vielmehr, daß in dieser *Freiheit des nach innen Gehens* uns eine reiche Welt zur Verfügung steht. Sie ermöglicht uns in Zeiten der Isolation, der Einschränkungen, der Schmerzen und der Behinderungen, in eine eigene geistige Dimension einzutauchen. In diesen inneren Bildern liegen auch spirituelle Weite und Freiheit.

Damit berühren wir einen Bereich, der ganz unmittelbar mit der schöpferischen, kreativen Fähigkeit zu tun hat, nämlich die Fähigkeit der *Imagination*.

Von den inneren Bildern

Die Ein-bildung, die bewußte Gestaltung einer inneren Bilderwelt, die bewußt gelenkte Phantasie ist eine kreative Möglichkeit, die besonders in den letzten Jahren wieder verstärkt ins Bewußtsein gerückt ist. Visualisierungen, Bildimaginationen, das katatyme Bilderleben, die geleiteten Phantasiereisen haben ein weites Spektrum des körperlichen und seelischen Heilens offenbart.

Im Zusammenhang mit einer körperlichen Tiefenentspannung kann das innere Sehen und Erleben von Bildern eine tiefgehende Kraft der Veränderung und Umwandlung bewirken.

Wir berühren hier die tieferen Ebenen des Unbewußten und kommen in Verbindung mit der reinigenden und heilenden Kraft, die von archetypischen Urbildern ausgehen kann.

Im Eintauchen in diese Tiefen des Unbewußten nehmen wir Kontakt auf zu intuitiven und inspirativen Erfahrungen und Erkenntnissen, die als *Bewußtseinserweiterungen* erlebt werden. Lassen sich Menschen auf diese Erfahrungstiefe ein, so haben sie das Gefühl, von einem *Größeren* berührt worden zu sein. Ein Kennzeichen, das all diese *Erlebnisse* auszeichnet, ist eine deutlich empfundene *Schönheit und Besonderheit,* der Erfahrende und oft auch der Begleitende *fühlen sich tief beschenkt.*

Ähnlich wie für den schöpferisch-kreativen Prozeß sind die *Voraussetzungen* für die Begegnung mit dem Unbewußten, mit der seelischen Bilderwelt, folgende:
- Entspannung
- ein zeitweiliges Aufgeben des kontrollierenden und zensierenden Intellektes
- eine Offenheit und Weichheit gegenüber den Gefühlen.

Die Sprache wird direkt, bildhaft, vielfältig, reich und unintellektuell.

Vom schöpferischen Sein

Kreativität meint erst einmal, andere, neue, bisher nicht gefundene und gelebte Denk- und Verhaltensmuster zuzulassen und auszudrücken. Kreativität bedeutet, daß *jeder Mensch* eine gestaltende und verändernde Kraft in sich trägt, zu der er Zugang findet.

Der kreative Kern, den wir in uns tragen, ist eine vitale, fruchtbare und persönliche Fähigkeit. Goethe fand, daß die Kreativität *eine aus dem inneren Menschen sich entwickelnde Offenbarung* sei. Im Nachdenken und Erfahren finden wir einige Qualitäten, die das schöpferische Potenzial in uns freilegen und anregen, sich zu entfalten. Da ist zuallererst *der Glaube*, der in seiner Tiefe eine schöpferische Qualität birgt.

Dann ist da die *Offenheit* und die *Bereitschaft zu empfangen, die Hingabefähigkeit.*

Andere Qualitäten sind *Flexibilität, Verspieltheit, das Wagnis zu Neuem, das Vertrauen und die Angstlosigkeit.* Rilke sagt in einem Text: *„Kunst ist Kindheit – Kunst heißt, nicht wissen, daß die Welt schon ist, und eine machen. Nicht zerstören, was man vorfindet, sondern einfach nichts Fertiges finden. Lauter Möglichkeiten. Lauter Wünsche. Und plötzlich Erfüllung sein, Sommer sein, Sonne haben ..."*

Manchmal entdecken Menschen erst unter den Einschränkungen von Krankheit und Behinderung die beglückende Möglichkeit, schöpferisch zu sein. Vielleicht stellen Sie sich beim Lesen unter Kreativität oder schöpferischer Tätigkeit etwas „Großes", Besonderes, Überragendes vor und reagieren innerlich mit Abwehr und dem Gedanken: „Das kann ich doch nicht, das habe ich schon in der Schule nicht gekonnt" oder: „So etwas habe ich schon viel zu lange nicht mehr gemacht, das traue ich mir nicht mehr zu."

Wenn Sie solche Gedanken und Gefühlshaltungen in sich entdecken, hat das im eigentlichen Sinne nichts mit Ihrer Fähigkeit, kreativ zu sein, zu tun, sondern vielmehr damit, daß Sie an ein Ziel, ein Produkt, einen Erfolg denken anstatt an den Weg, den Akt des Tuns und an die Freude des gegenwärtigen Erlebens. Ihr innerer Kritiker verstellt ihnen den Weg zu ihrer Kreativität.

Rilke sagte: *„Die Kunst ist ein Weg, nicht ein Ziel."*

Herr Jenisch sitzt im Bett und reagiert etwas ungehalten auf die
Größe des Papiers, das vor ihm auf einem drehbaren Tisch liegt.
„Das ist zu groß", sagt er knapp. Ich lenke ihn von seinen kritischen
Gedanken ab, indem ich ihn bitte, mir doch einfach noch einmal
seinen Traum zu erzählen, ganz genau – wie das alles war – mit dem
Meer und dem Schiff und den Leuten … Während er erzählt, be-
ginnt er blaue Farbe aufs Papier zu malen und sagt dazu: „Es war ein
ganz blaues und glattes Meer, es hatte gar nichts Unheimliches an
sich, es leuchtete einfach. Und der Dampfer, der ist weiß. Wie mal
ich den jetzt da rein, da ist doch schon das blau …"

Am Ende lehnt sich Herr Jenisch in seine Kissen zurück. Er kneift
sogar, „wie ein echter Künstler" ein Auge zu, um sein Gemälde zu
beurteilen: „Ja, gar nicht schlecht für den Anfang, das hat sogar Spaß
gemacht. Und sehen Sie, dahinter geht das Meer in den Himmel
über, das kann man nicht so genau sehen, aber da fährt der weiße
Dampfer mit mir und den anderen Passagieren hin."

Wir sollten aufhören, uns selber abzuwerten und abzulehnen in unseren wirklichen Wünschen und Bedürfnissen. So können sich uns
Türen zu geheimen Glücksmomenten öffnen, die uns einen Zugang
zu innerer Freiheit und Erfüllung schenken.

Im kreativen, schöpferischen Sein, Leben und Handeln erleben wir
nämlich ein tiefes Gefühl der *Verbundenheit mit uns selbst, der*
Welt und anderen. Das schöpferische Erleben kann uns mit einem
Gefühl der Allverbundenheit, einem Gefühl des Ganz- und Heil-
seins beschenken und uns erfahren lassen, daß wir in eine größere
Dimension eingebettet sind, die viele von uns nur als Kinder und in
den paar wenigen besonders glücklichen Momenten des Lebens erlebten. In solchen gesegneten Momenten erleben wir intuitiv, daß
etwas durch uns hindurchströmt, und in diesem Strom, in diesem
Fließen, erleben wir Glück und manchmal sogar Seligkeit.

Die Amerikanerin Mary Daly sagt: *„Das kreative Potenzial im*
Menschen ist ein Abbild Gottes."

Wenn ich mich darauf einlasse, mein Leben schöpferisch in die
Hand zu nehmen, heißt es oftmals: daß ich dieses und jenes in meinem Leben nicht mehr machen will und mich auch nicht mehr dazu
zwinge. Eine Frau erzählte: *„Nach meiner Diagnose und der ersten*
Darmoperation sagten mir die Ärzte, daß meine Lebenszeit begrenzt

sei. Nach einer Phase der Trauer und Resignation entschloß ich mich, die Rente einzureichen, meine kleine Eigentumswohnung zu verkaufen und in ein kleines Dorf in Oberbayern zu ziehen. Ich hatte mein Leben lang gerne auf dem Land leben wollen, und ich bereue es keinen Tag."

In diesem Sinne heißt ein kreatives Leben leben, unsere begrabenen Träume wiederzuentdecken und zu lernen, sie wert und wichtig zu nehmen. Oftmals können wir nicht unsere Träume, Sehnsüchte und Wünsche in genau der Form verwirklichen, die wir uns vorstellten. Aber auch das gehört mit zu einer kreativen Lebenseinstellung, daß wir immer *flexibler* werden und, auf vielleicht ganz anderen Wegen *das Unmögliche möglich machen.*

Anais Nin, die französische Schriftstellerin, die mit großem Mut, immer wieder neu, ihre eigene kreative Lebensgestaltung verwirklichte, sagte: *„Das Leben schwindet oder weitet sich aus im Verhältnis zum eigenen Mut."* Und es erfordert eben immer wieder Mut, uns vom Bekannten, Vertrauten zu lösen, wenn wir feststellen, daß es uns einengt, freudlos macht und uns am Ende zu einer resignierten, pessimistischen Lebenshaltung bringt.

Paul Tillich ermutigt uns in seinen Schriften zu einer verantwortlichen und bejahenden Lebenseinstellung. *„Der Mensch ist aufgerufen, sich selbst zu dem zu machen, was er werden soll, um sein Schicksal zu erfüllen."*

In diesem Sinne ist der Versuch, eine kreative, schöpferische Lebenseinstellung einzunehmen, *Gottesdienst.* Wir nehmen die *„Talente",* die uns Gott mitgab, an und machen etwas aus ihnen. Das bedeutet, daß wir unser Inneres immer wieder befragen
– Wo lebe ich meine Talente nicht?
– Wo stagniere ich in meiner Entwicklung?
– Wo nehme ich meine inneren Träume nicht ernst?
Das ist vielleicht erst einmal schmerzhaft und unbequem. Nur zu gerne möchten wir den Umständen, dem Schicksal, unseren Partnern oder Gott die Schuld daran geben, wie unser Leben ist. Da heißt es dann: Ja, wenn ich nicht verheiratet wäre, wenn ich die Kinder nicht hätte, wenn ich eine Familie und Kinder gehabt hätte, wenn ich nicht den falschen Beruf hätte, dann ... Mutig ist es, die *Schuldprojektionen* zurückzunehmen.

In die Verantwortung für sich und das eigene Leben zu gehen bedeutet dann: Ich habe die Fähigkeit und die Kraft, mich schöpferisch mit meinem Leiden, meinen Mängeln, meiner Unzufriedenheit auseinanderzusetzen.

Quellen, die es uns möglich machen, uns mit Botschaften aus diesem *schöpferischen Grund* ganz bewußt in Verbindung zu setzen, sind einmal die nächtlichen *Träume* und zum anderen sind es alle Praktiken, die sich mit Wegen *der Versenkung, der Kontemplation und Meditation beschäftigen.*

Träume sind direkte Botschaften, die aus unserem Unbewußten kommen, und wenn wir uns auf sie einlassen, werden sie zu wunderbaren Schlüsseln in der Gestaltung unseres Lebens. In den Träumen äußert sich das Selbst, der ewige Wesenskern, oft mit einer Deutlichkeit, die den Menschen auf rein intellektueller Ebene gar nicht zugänglich wäre. Vielleicht ist das Träumen die größte und unbewußte schöpferische Handlung des Menschen.

In der *Kontemplation und den verschiedenen Wegen der Meditation,* werden die Fähigkeiten der Imagination und der höheren Inspirationen gefördert und geweckt.

Auf dem Weg dieser Schulung *geistig schöpferischer Kräfte* hat der Mensch die Möglichkeit, die irdische Existenz *zu transzendieren.* Wenn wir das Träumen als hohe, *unbewußt* kreative Handlung des Menschen bezeichnet haben, so ist die Fähigkeit zur inneren Versenkung die höchste *bewußte schöpferische Leistung,* zu welcher der Mensch sich befähigen kann.

In dem vorliegenden Kapitel haben wir verschiedene Facetten des Schöpferischen anklingen lassen. In jeder dieser Ausformungen glänzt etwas von dieser geheimnisvollen, letztendlich nicht faßbaren Kraft auf, die über unser rein irdisches Dasein hinausweist. Die Wege eines schöpferisch-kreativ sich entfaltenden Lebens scheinen uns die kostbarsten Möglichkeiten menschlicher Verwirklichung zu enthalten. In ihnen wird der Mensch zum *Schöpfer* seines Erlebens, seiner Lebensgestaltungen. Er hat vielfältige Möglichkeiten kreativer Schicksalsverarbeitungen, und in einer solchen Grundhaltung liegen alle Möglichkeiten zur Sinnerfüllung einer menschlichen Existenz und damit der eigentlichen Glückhaftigkeit.

Wenn Sie das vorausgegangene Thema im Erleben für sich selbst vertiefen möchten, bieten wir Ihnen folgende Impulse zur eigenen Auseinandersetzung an.

1. Ich schreibe meine Geschichte

Schreiben Sie fünf Begriffe auf, fünf Begriffe, die Ihnen jetzt spontan einfallen. Zensieren Sie die Begriffe nicht.
Schreiben Sie nun eine kleine Geschichte aus Ihren fünf Begriffen.

Die Worte können so wahllos sein wie z.B. Löwe, Hochhaus, Taschenlampe, Ball und Portier, und dennoch werden Sie später beim Lesen bemerken, daß die Geschichte sehr viel über Sie aussagt. Es ist immer Ihre Geschichte.

2. Etwas Verrücktes tun

In dieser Übung möchten wir Sie bitten, sich auf etwas ganz Neues, auf eine neue Erfahrungen mit sich selbst, einzulassen. Vielleicht kennen Sie von sich, daß Sie viele Impulse, irgend etwas ungewöhnliches zu tun, verdrängen, weil es „unpassend" ist, weil Sie sich blamieren könnten, „weil man so etwas eben einfach nicht macht". Am Anfang können es ganz kleine und harmlose Dinge sein, mit der Zeit bekommen Sie vielleicht Lust, auch verwegenere Dinge auszuprobieren und damit Ihr Blickfeld und die Dimensionen ihrer bisherigen Persönlichkeit zu erweitern.

Wir möchten hier einige Beispiele geben, die Sie vielleicht inspirieren können, ihre eigenen Ideen wieder zu entdecken.

- Mit Kleidern in einem Gewässer schwimmen.
- Einkaufen gehen, ohne Geld dabei zu haben.
- In einen Spielwarenladen gehen und sich ein Spielzeug kaufen, zu dem sie einen Bezug haben.
- Jemanden auf der Straße ansprechen und zum Kaffe einladen.

– Etwas aus ihrem Haushalt auswählen, das nicht mehr zu Ihnen
paßt und wegschmeißen.

Jede Veränderung, jeder Sprung, jedes Experiment hat einen schöpferischen Kern in sich, der das Potenzial ihres gesamten Seins er-
weitert.

3. Mein Kindheitstraum war ...

Viele von uns haben phantasievolle Wünsche, Neugierden und
Sehnsüchte in ihrer Kindheit zurückgelassen. Manche von ihnen
schlummern unter der Decke der Nichtbeachtung. Mit einer gewissen freudigen Wertschätzung können sie wieder ins Licht treten
und unser Leben bereichern und freudvoller machen.

Erinnern Sie sich an einen Kindertraum, der Ihnen damals wichtig
war, und fragen Sie sich: Wie könnte ich heute etwas von dem verwirklichen?
Was würde ich über diese Erfahrung an Erweiterung erfahren und
integrieren?

Der Lokomotivführer ... ein Erfahrungsbericht:

*Vor etwa einem Monat bestieg ich einen Interregio von Singen nach
Stuttgart. Irgendwann stand ich von meinem Platz auf, verließ mein
Abteil und ging ganz nach vorne in den ersten Wagen. Das hatte ich
bisher noch nie gesehen! Das erste Abteil war ganz offen, und es gab
die Möglichkeit, sich direkt neben den „Lokomotivführer" zu setzen.
Mein Herz schlug ganz freudig, und ich erinnerte mich an meinen
lange gehegten Kinderwunsch, Lokomotivführerin zu werden.*
*Mein Gott, wie schnell ging die Fahrt über die Schienen, ich
konnte es kaum glauben. Im ersten Moment war ich verwirrt und
auch etwas ängstlich. Da, da war das breit geöffnete Paar der Schienen, und schon lag es unter dem Zug, und so verschluckte der da-
hinrasende Zug Meter für Meter, Strecke um Strecke. Da, da kam
eine Kurve, wie sollte das gehen! Der Zug legte sich ganz elegant ein
wenig zur Seite und schoß wie eine Schlange in die Biegung hinein.*

Langsam wandelte sich das ängstlich beobachtende Gefühl in eine Art Rausch. Ich flog dahin, ich raste über die Schienen mit unvorstellbarer Geschwindigkeit, Eleganz und nahezu lautlos. An welchem Wunder der Bewegung und der Zeit durfte ich da teilnehmen. Alle Ängstlichkeit war gewichen, ich war nur noch fahrendes Dahineilen. Häuser, Telegraphenmasten, Bäume, Lichter, alles, alles flog, in wahnsinniger Eile, an mir vorbei, ich fühlte mich inmitten eines großartigen Kraftfeldes, ganz und gar still. Mit einem Male verstand ich das Erleben als eine Art Gleichnis: So zogen das Leben, die Zeit, die Ereignisse mit großer Intensität und Geschwindigkeit an mir vorbei, ich war die Erlebende, war die Zuschauerin von einer unendlichen Flut von Bildern.

*

Mit jedem Kind wird ein Dichter, ein Künstler geboren, der jung stirbt und als Erwachsener weiterlebt.
A. S. Beuve

9 GOTT NÄHER KOMMEN
Von der Religion und der Spiritualität

Der Mann, der nach vielem
Nachdenken, wußte –:
Alles ist Gott – war ebenso
gerettet und erlöst wie der
es ist, der sich schließlich
sagte: Es gibt nur eine einzige,
tausendfältige bewegte
Oberfläche.

Rainer Maria Rilke

Frau Seitz ist von verzweiflungsvollen Ängsten geplagt. Die Beglei-
tenden versuchen im Gespräch immer wieder, hilfreiche Wege aus
der Angst und Not zu finden. Ihre große Angst ist, mit dem Tod in
einen großen, gähnenden Abgrund, in eine endlose Leere zu fallen.
Eines Abends fällt ihr plötzlich ein Bild ein, das sie einmal sah. Zö-
gernd berichtet die Patientin von einer kleinen Hand, die in einer
großen Hand eingeschmiegt und geborgen ist. Und dann sagt sie wei-
nend: „Vielleicht ist das so, daß meine Seele unter sich einfach Got-
tes Hand spüren wird." Endlich kann sie nun auch die Augen
schließen, die sie immer weit aufgerissen hatte, damit sich ihr Blick
an etwas Äußerem festhalten konnte. Mit Tränen sagt sie: „Ja, ja so
ist es, ich kann es ganz tief fühlen, so wird es sein." Sie starb ganz
still gegen Morgen.

In den religiösen Fragen geht es letztendlich wohl immer um **Ver-**
trauen und Hingabe. Wie sehr wir vertrauen können, steht meist in
engem Zusammenhang mit unseren frühkindlichen Erfahrungen. So
vertrauengebend unsere Beziehungen in der Kindheit waren, so ver-
trauend begegnen wir der Welt, dem Leben, anderen Menschen und
auch allem Unbekannten. Alles Neue, Unbekannte, Fremde macht ja
erst einmal Angst, und es braucht schon im Leben immer wieder
Mut und Vertrauen, sich dem Neuen und Fremden, Bedrohlichen zu
stellen.

Nun ist es aber nicht so, daß diejenigen, die ein Vertrauensdefizit aus ihren frühen Erfahrungen mitbringen, ein Leben lang davon geprägt sein müssen. Wenn uns ein Mangel an Grundvertrauen bewußt wird und uns beunruhigt, so können wir unser Leben dazu nutzen, dieses „ löchrige Netz auszubessern".

Das soll nicht heißen, daß es einfach ist, ein tief gestörtes Vertrauen „auf schnellem Wege" zu reparieren, oftmals ist es ein lebenslanger Weg. Langsam und schrittweise können uns positive Erfahrungen mit Menschen und Erlebnisse davon überzeugen, daß es das gibt, was wir als vertrauenswürdig bezeichnen. Neue Verletzungen und Fehlschläge werfen uns nur allzuoft wieder in eine resignierte Lebenshaltung zurück, und manchmal ist es gut, sich für diese schwierige und schwerwiegende Lebensaufgabe einen Begleiter oder therapeutische Hilfe zu suchen.

Wenn Sie innerlich dazu bereit sind, bieten wir Ihnen einige Fragen, die Sie dazu anregen können, sich weiter und tiefer mit der Frage ihres Vertrauens gegenüber dem Leben auseinanderzusetzen.
- Sie sind in Not. Bitten Sie bei Ihren Freunden oder auch bei einem fremden Menschen um Hilfe?
- Hätten sie das Vertrauen, Freunde von Ihren Freunden während ihrer Ferien in ihrer Wohnung wohnen zu lassen?
- Würden Sie Freunden Geld leihen, wenn sie Sie darum bitten?
- Wie haben Sie reagiert, als Sie Ihre Geldbörse, Ihren Paß, Ihren Schlüsselbund etc. verloren?
- Wie waren Ihre Empfindungen, als Sie das Gefühl hatten, bei … vollkommen zu versagen?
- Was haben Sie gefühlt und erlebt, als Sie vermuteten oder erlebten, daß der und der Mensch Sie total ablehnte, kritisierte oder fertig machen wollte?

Sie können diese Fragen beliebig und für Sie passend umwandeln und erweitern. Sie werden selber wissen, wo sich ihre Themen befinden, bei denen Sie sich schnell erschüttern lassen und das Vertrauen verlieren. Eventuell regen die Fragen Sie auch an, sich in den nächsten Tagen mit der Frage: Wie sehr kann ich anderen wirklich vertrauen? zu beobachten.

Vielleicht haben Sie Lust, am Ende dieser kleinen Selbstbefragung auf der folgenden Skala ihren *Vertrauensmarker* zu machen. Die kleine 0 am linken Rand bezeichnet den absoluten Mangel an Vertrauen. Wir vermuten, daß ein Mensch mit einem solch totalen Mangel nicht lebensfähig wäre. Die 100 am anderen Ende der Linie bezeichnet das *totale Vertrauen,* das es unter uns wohl auch äußerst selten geben wird.

0   100

Legen Sie ohne lange zu überlegen ihren Finger an die Stelle, von der Sie meinen, daß Sie sich dort heute ganz allgemein in Ihrem Vertrauen befinden.

Unsere Vertrauensfähigkeit ist auch von Tag zu Tag sehr unterschiedlich, je nachdem, wie wohl und im Einklang wir uns mit uns selbst und der Umgebung fühlen.

Das Vertrauen in den Prozeß des Sterbens und in das, was wir als Tod bezeichnen, ist sicherlich für alle Menschen die größte Herausforderung. Schließlich wissen wir, daß wir das Irdische vollkommen verlieren und in einen absolut anderen, unbekannten Daseinsbereich überwechseln. Hinter allem steht auch immer der letzte **Zweifel:** „Wird es wirklich für mich irgendeine andersartige Existenzform geben?"

Es gibt allerdings auch Menschen, die den Tod und ihre Auslöschung herbeisehnen. Sei es, daß sie das „Nichts" willkommen heißen oder ihnen das Leben so unbefriedigend und qualvoll ist, daß sie den Tod als Ende des Leidens mit großer Unbedingtheit ersehnen. Hier mag die Angst vor dem Leben die Angst vor Sterben und Tod übersteigen.

Vielleicht werden Sie sich fragen: Aber was hat das denn alles mit Religion und Spiritualität zu tun?

Im Kontext des Religiösen geht es hier um die Angst und Unsicherheit im Angesicht unserer Endlichkeit und um die Kraft eines Vertrauens, das aus dem Erleben und Erfahren eines tragenden Grundes kommt, in den wir sinnvoll eingefügt und eingebettet sind.

Unter diesem lebendigen Vertrauen verstehen wir einen „Glauben", der nicht vom alltäglichen Leben, von unserer personalen Erlebniswirklichkeit abgespalten ist, sondern einen solchen, der all unsere Gefühle, Gedanken, Handlungen und Erlebnisse integrativ begleitet und durchdringt. Hier wird die Dimension des Religiösen, des Glaubens, zu einem fortwährend sich entwickelnden Prozeß, der sich zu einer Lebenshaltung formt.

In einer solchen Haltung werden wir von Erfahrung zu Erfahrung tragfähiger, und stärker und es eröffnen sich uns immer weitere Horizonte einer spirituellen Erlebnisfähigkeit.

Tragischerweise erleben Menschen oft, daß gerade in schwerwiegenden Lebenskrisen sie der Glaube und das Vertrauen in das Göttliche verlassen. Das erscheint uns auf der einen Seite ein ganz natürliches Erleben. Wir gehen durch Erschütterungen, Krisen, unser Fragen wird tiefer und unser Glaube verliert immer mehr seinen naiv kindlichen Charakter, der oft von einer kindlichen Erfüllungsphantasie geprägt ist. Gott ist gut, wenn er mir meine Wünsche erfüllt und er ist ... nicht lieb oder sogar böse, wenn er es nicht tut. Immer mehr beginnen wir zu verstehen, daß das Göttliche eben nicht nur gut und lieb, hell und positiv ist, wir werden inne, daß diese „numinose Instanz" auch dunkel und oft nur allzuschwer verstehbar ist.

„Da es in dieser Welt unendlich viel Böses gibt, und da das Böse das unerläßliche Gegenstück zum Guten in der Antithese gut – böse ist, würde die Annahme, Gott sei nur gut, den Gottesbegriff willkürlich einschränken und das Böse seiner realen Existenz berauben. Wenn Gott nur gut ist, ist alles gut. Nirgends gäbe es einen Schatten. Das Böse existiert nicht, sogar der Mensch wäre gut und könnte nichts Böses tun. Das ist ein weiteres Paradox, mit dem die Psychologie um unseretwillen aufzuräumen hat (C. G. Jung, Briefe, Band 3. Walter Verlag, Olten 1972).

Für manche Menschen ist der Gott, mit dem sie hadern, den sie verzweifelt in seiner „Abwesenheit" suchen, der stumme Gott, der nicht antwortet, eine nähere und wahrheitsgemäßere Form ihres religiösen Ringens. Auch eine solche Form kann eine große Echtheit und Tiefe einer Gottesbeziehung in sich tragen.

Es erschüttert uns, wenn wir eines Tages feststellen müssen: Mein Glaube war zu oberflächlich, zu sehr von äußeren Formen und Regeln geprägt, zu intellektuell, ich habe ihn vielleicht einfach übernommen, ohne daß er wirklich zum eigenen wurde. Eine ganz wesentliche Bedingung für einen echten und tiefen Glauben scheint uns die authentische emotionale Verbundenheit mit den religiösen Inhalten. C. G. Jung schreibt in einem seiner Briefe: „*Ist Glaube echt und lebendig, dann wirkt er.*"

Unser Glaubens- und Vertrauenspotential wächst im lebendig gewagten Leben und wird zu einem homogenen Teil unseres menschlichen Daseins. Alles das, was wir uns ehrlich errungen, vielleicht durchlitten und fühlend erfahren haben, wird uns zu einem unverlierbaren Schatz unserer Person.

Das würde bedeuten, daß wir unsere Religiosität *ganzheitlich leben* sollten, mit all unseren Fehlern, Zweifeln, Sorgen, mit all unserem Dunklen, aber auch mit Themen wie Sexualität, Erotik, Lust, Freude und Daseinsglück. Alle Abspaltungen machen sich sonst, und ganz besonders in Lebenskrisen, als ungelöste und verdrängte Probleme bemerkbar, die uns in Glaubenskrisen stürzen. Wir können mit einer gelungenen Integration immer mehr auch die Tiefen unserer menschlichen Existenz in der religiösen Auseinandersetzung leben. Und dann werden wir das Gefühl haben, daß wir uns echt, tief und ungeteilt der Wahrheit nähern, der Wahrheit unseres Lebens, der Frage nach der Sinnhaftigkeit und der Wahrhaftigkeit unserer *Gottesbezogenheit.*

Menschen, die sich auf solche Erlebnisse und Erfahrungen eingelassen haben, erreichen eine Tiefe, die ihnen die Möglichkeit gibt, diesen Seins-Grund, das Göttliche, das Transzendente wirklich zu berühren. Goethe sagt dazu: „*Den Beweis für Unsterblichkeit muß ein jeder in sich selber tragen, außer dem kann er nicht gegeben werden.*"

Aber auch dann, wenn wir uns nicht entschließen können, uns einem religiösen, spirituellen Weg anzuschließen, gibt es *Lebensschulungswege, einen Lebens-Kunst-Weg,* der uns zu immer größerem Vertrauen und Hingabe an das Sein führt. Ob wir uns in der Tiefe auf eine Beziehung einlassen, ob wir den Weg der Elternschaft gehen, ob wir uns unserem Beruf mit Leidenschaft und Hingabe widmen oder ob wir eine andere *Passion* in den Mittelpunkt unseres Lebens stellen, immer werden wir in dem, was wir mit *Unbedingtheit* tun, die Chance haben, Grenzen zu überschreiten und mit einer „höheren Macht" in Berührung zu kommen. Ein solcher individueller *Weg* kann uns zu einer ganz individuellen Religiosität führen. Ausschlaggebend dafür ist, daß wir in all diesen Tätigkeiten und Erfahrungen dazu gezwungen sind, unser *kleines Welt-Ich* zu überwinden und uns zumindest für eine geraume Zeit als Teil einer *übergeordneten größeren Wirklichkeit* erleben.

Eine Frau berichtet: *„Ich habe früher jahrelang an Depressionen gelitten. In einem Winter, es war kurz vor Weihnachten, fuhr ich alleine in die Schweiz in die Berge, um dort Urlaub zu machen. Ich hatte mich mühsam dazu aufgerafft, obgleich ich das unumstößliche Gefühl hatte: Das wird mir auch nicht helfen. Als es dunkel wurde, zog ich meine Stiefel an und machte mich auf den Weg. Ob es ein Spaziergang würde oder eine Wanderung – ich wußte es nicht, und es war mir auch egal. Im Vorangehen kämpfte ich gegen den Wind, und mit jedem Schritt sank ich immer tiefer in den Schnee. Irgend etwas war aber in mir, das mich vorantrieb. Es war fast etwas Aggressives in meinem Gehen, und möglicherweise hatte ich auch das Bedürfnis, irgendwo im Schnee vor Erschöpfung umzusinken und ... Ich hatte mal eine so schöne Beschreibung gelesen ... wie leicht das Sterben im Schnee sei.*

So lief ich dahin, ohne mir der Zeit bewußt zu sein, immer geradeaus. Meine Erschöpfung nahm immer mehr zu. Mit einem Male schaute ich auf, weil der Mond groß und hell durch die aufreißende Wolkendecke brach. Das Mondlicht überflutete die ganze weite Schneelandschaft um mich her, und ich wurde von der Schönheit und Stille, von allem, was um mich her war, so angerührt, daß ich zu schluchzen begann. Millionen kleiner Schneekristalle funkelten wie winzige Sterne, alles leuchtete und schien von einer unerhörten Reinheit und Vollkommenheit. Ich schäme mich, das zu erzählen, aber ich sank wie ein Kind in die Knie, beugte meine Stirn in den Schnee, faltete die Hände und sagte immer wieder nur: ja, ja und danke, ich danke dir. Seit diesem Zeitpunkt habe ich nie wieder diese tiefe Art von Depression gehabt, und ich glaube, seitdem gibt es für mich so etwas wie Gott oder einen Sinn oder so etwas wie ein großes unumstößliches Ja!"

Immer wieder einmal erleben wir, daß Menschen von ihrem „großen Geheimnis" erzählen. Sie berichten zumeist verschämt, und als

Zuhörende hat man das Gefühl, an einer großen Kostbarkeit teilnehmen zu dürfen, und oft genug weht uns Hörende noch in dem Erzählen der *geheimnisvolle Atem des Numinosen* an.

Sehr oft ist der gemeinsame Grund solcher Berichte eine tiefe, ab-
gründige, bedrohliche Krise oder Lebenssituation. Da kann z.B. ein
Alkoholabhängiger von seinem tiefsten Absturz erzählen, Menschen
berichten von extremen Schmerzen, großer Isolation oder einem
überwältigenden Verlust. Es sind dies meist Erfahrungen, in denen
der Betreffende seine Grenze des Nicht-mehr-Könnens erreicht und
sich einer größeren Kraft anvertraut. Viele Frauen berichten von ähnlichen Berührungen während der Geburt eines Kindes.

Das mag bedeuten, daß gerade in *Grenzsituationen*, Momenten, in
denen das Alte nicht mehr trägt und das Neue noch nicht da ist, die
Gegenwart des Transzendenten leichter erfahrbar wird. Wir erleben
dann, daß am äußersten Punkt der *Not* das *Helfende* ohne unser Zu-
tun einbricht.

Nicht ins Bodenlose
Ich habe gefühlt, daß ich jetzt sterben muß.
Ich habe gefühlt, daß ich sinke, tiefer und tiefer.
Ich habe an nichts gedacht, nichts aus dem Evangelium
oder aus der Theologie ist mir eingefallen, kein Gedanke
an Gott und Christus, an ein Gebet oder Sakrament,
ich habe nur gefühlt, daß ich falle, aber nicht ins
Bodenlose.
Ich war mir ganz sicher: Wenn ich unten bin, werde
ich gehalten, bin ich geborgen.
Wenn alle Theologie, die ich aufgenommen
und selbst getrieben hatte, wenn alle Sakramente, die
ich gefeiert habe, und die ganze Botschaft des Evangeliums,
die ich geglaubt habe, dieses eine bewirkt haben,
dann hat es sich gelohnt.
Ferdinand Klostermann 1982, nach einer schweren Operation
vier Tage vor seinem Tod

Wenn Sie das vorausgegangene Thema im Erleben für sich selbst vertiefen möchten, bieten wir Ihnen folgende Impulse zur eigenen Auseinandersetzung an:

1. Einbruch des Numinosen:

Das Numinose, das „Überraumzeitliche", wie es auch genannt wird, kann in jeder existenziellen Situation, in jedem Gefühl, jedem Gedanken oder Objekt erlebt werden. In diesem Sinne gibt es keine Trennung zwischen dem *Heiligen und dem Profanen*.

Eine buddhistische Legende erzählt von einem Mönch, der etwa dreißig Jahre lang in strenger Übung und Askese dem Streben nach Erleuchtung nachging. Eines Tages im Winter ging er hinaus, um zu urinieren. Als er den Strom des gelben Urins durch den hellen Schnee sickern sah, erlebte er im selben Augenblick die Fülle der *Erleuchtung*.

Es gibt allerdings Objekte, die, um den Vorgang, der zur Berührung mit dem Numinosen führen kann, eingesetzt werden. Mandalas, Gestaltungen im Tempelinneren, Glasfenster, Klänge, Düfte usw. sind bekannte Träger auf dem Weg zum Numinosen. Aber der eigentliche Weg besteht in einer Art intensiver Hingabe, einer Überschreitung des Intellektes, einer Herausforderung, die den Menschen zwingt, seine gewöhnlich gesteckten Grenzen und Definitionen zu überschreiten. Manchmal wird dieses Überschreiten als ein vollständiger Zusammenbruch erlebt. Insofern können alle *Grenzerfahrungen* diesen transzendierenden Charakter in sich tragen. Nur machen und erzwingen, sozusagen vom *„kleinen Ich"* her betreiben, können wir diesen Akt der Grenzüberschreitung eben nicht, weil es ja gerade darum geht, daß das kleine Ich seine Vorherrschaft aufgibt.

Das Gefühl, das dieser Transzendierung vorausgeht, ist ein Erleben vollständiger Kapitulation, der Verzweiflung und des Gefühls, jetzt seelisch oder körperlich sterben zu müssen: „Ich kann nicht mehr, Gott hilf mir", ist der Satz dieser existenziellen Krise.

Wir spüren, daß uns alles entgleitet und daß uns unsere eigene bewußte Anstrengung nicht weiter helfen kann.

Gab es in ihrem Leben Erlebnisse, in denen sie in Berührung oder Fühlung mit dem Numinosen kamen?
Welchen Zugang könnten sie sich heute vorstellen?
Gibt es eine Tätigkeit, eine Übung, eine Praxis, von der sie sich vorstellen könnten, daß sie sie wieder in die Erfahrung der Transzendenz bringen könnte?

Vielleicht möchten Sie sich einige Gedanken aufschreiben, die Sie auf Ihrem Weg zur transzendenten Erfahrung weiterbringen könnten und die Sie in nächster Zeit verwirklichen möchten?

Suchen Sie sich ein Symbol, das Sie in der nächsten Zeit mit der Überwindung Ihres „gesicherten Seins", und mit der Herausforderung der angstüberwindenden Hingabe in Berührung bringen könnte. Um ein Beispiel zu benennen, könnte es für einige von uns der Sprung vom Zehn-Meter-Brett in einem Schwimmbad sein.

Der Einbruch des Numinosen – ein Erfahrungsbericht

Als ich etwa sechs Jahre alt war, schlenderte ich einmal in einem benachbarten Stadtteil herum. Es war ein sehr heißer Sommertag, die Straßen waren recht leer, und ich fühlte mich einerseits abenteuerlustig erregt und dann auch wieder verunsichert und ängstlich. Bisher hatte ich nur den im Umkreis unserer Wohnung liegenden Teil der Stadt erkundet, und dies hier sah zwar ähnlich aus, war aber eben doch fremd. Da landete ich auf einem gepflasterten Platz und stand vor einer mächtig hohen Kirche. Da meine Eltern keinerlei religiöses Leben pflegten, wußte ich zwar, was eine Kirche ist, aber ich war bisher nur sehr selten in Begleitung von Erwachsenen hineingegangen. Das Kirchenportal stand verlockend weit geöffnet, und so schlüpfte ich kurz entschlossen hinein. Drinnen veränderte sich mein Gefühl ganz radikal. Aus der erobernden Abenteuerlust wurde Angst und Beklommenheit. Man hatte mir gesagt, das sei das „Haus Gottes", und ich war einfach so bei ihm eingetreten und noch

dazu ohne zu wissen, was ich dort suchte, eigentlich nur aus Neu-
gier und weil es hier so schön kühl war. Ich schob mich ganz ver-
ängstigt in eine Bankreihe nahe des Beichtstuhles, der auch einen
eher furchteinflößenden Eindruck auf mich machte. Es war ganz
und gar menschenleer im Kircheninnenraum, dort hing nur der Je-
sus am Kreuz, und das einzige, was mir irgendwie tröstlich erschien,
war die hübsche kleine rote Lampe mit ihrem Flackerlicht dort
vorne. Gerade als ich mich fragte, wo Gott wohl in der großen Kir-
che sei, begann mit einem Male ein riesiger Aufruhr von Tönen.
Ganze Sturzbäche von vielfältigsten Tönen stürzten in den Kirchen-
raum hinunter, und ich glaube, daß ich im ersten Moment meinte,
daß das nun Gott sei. Erstarrt und erschreckt saß ich in meiner
Bank, wagte mich nicht zu rühren und war doch auch ganz ergriffen
von den lauten wohlklingenden Tönen. Mit der Zeit wurde ich
ganz ruhig, es war mir nicht mehr wichtig, ob das nun Gott war
oder woher die wunderbare Musik kam. Ich saß da und hörte, war
nur noch Hören, und ich weiß wie heute, daß ich das Gefühl hatte,
daß selbst die schweren Mauersteine der Kirche unter dem Ansturm
des Klingens von dieser mächtigen Gewalt erbebten. Was ich nun
empfand war ein Gefühl von Rausch und Seligkeit, es gab keine
Angst mehr, alles war ganz gleichgültig und gut, wenn nur diese
Musik, dieses Auf- und Abschwellen dieser wunderbaren Klänge nie
aufhören würde. Ich wußte, das war eben Gottes Musik, und nur so
konnte die Musik Gottes sein, groß und gewaltig und wunderbar.

2. Fallen ins „Nichts"

Der Angst vor dem Tod, vor dem Unbekannten und Ungewissem,
begegnen wir auch, wenn wir uns der Angst vor der Bodenlosigkeit
stellen. Sie ist eng mit der Angst vor dem Tod verknüpft und wird
oft als „Urangst" beschrieben.
Sie können sich mit dieser Angst konfrontieren, indem Sie vom
Fünf-Meter-Sprungbrett im Schwimmbad springen, indem Sie
Bungeejumping-Jumping machen, Tandem-Hangglider oder Tan-
dem-Fallschirmspringen machen. Spüren Sie nach, wie groß Ihre
Angst und wie groß Ihr Mut und Ihre Bereitschaft ist, sich jetzt
dieser Angst zu stellen.

Erfahrungsbericht: Fallschirmspringen

Ich habe nackte Angst. Was ist die Angst? Ist es die Angst vor dem Tod? Ist es die Angst vor dem Nichts? Ist es die Angst vor der Angst, vor der inneren Hölle, Angst daß ich im Inneren erstarre oder nie wieder aus der Angst herausfinde?

Ich bin froh, daß ich die Erfahrung gemeinsam mit Freunden mache. Wir haben eigentlich alle Schiß. Die Tage vorher verdränge ich die Angst. Die Angst meldet sich wieder, als wir auf dem Flugplatz sind. Aber ich kann auch das Gegengewicht zu der Angst spüren: Doch, ich will es. Ich gebe mir aber auch den Raum, wenn die Angst zu groß wird, es nicht zu tun, mich nicht zu zwingen.

Noch bin ich ganz ruhig, aber ich muß mich auf mich und meinen Atem konzentrieren. Im Flugzeug denke ich nach 500 Metern: „Eigentlich sind wir doch schon hoch genug", aber es geht weiter rauf. Es hilft mir nur mein Atem, und ich rede mir gut zu: „Solange du atmest, lebst du noch" – also doch die Angst vor dem Tod. „Sei ganz in diesem Moment. Der Moment jetzt ist gut: Du siehst den Himmel, die Wolken. Jetzt geht es. Sei nur im Jetzt. Geh von Moment zu Moment." Dazwischen auch mal: „Scheiße, warum mache ich das nur? Ich will nicht. Ich habe Angst! Hilfe!" Dagegen halte ich immer wieder mein Atmen. Es braucht alle meine Konzentration, ganz bei mir zu bleiben, aber es geht erstaunlich gut. Zwischendurch kann ich für Momente sogar den Himmel genießen.

Mein Tandemspringer dreht sich um, erklärt mir nochmal alles, gurtet mich an. Wir haben die Höhe erreicht. 3000 Meter! Ich denke nur: „Bitte, lieber Gott, hilf mir. Ich habe solche Angst. Bitte hilf mir doch." Die Tür wird aufgemacht: Kälte und Wind schlagen mir entgegen – ANGST!!! Wie soll ich das schaffen? Der Abgrund! Die Erde so weit weg. Nichts. Nichts, dazwischen. Leere. Dann nehme ich mich wieder bei der Hand und sage mir: „Eine Bewegung nach der anderen. Zuerst der eine Fuß raus, dann die Hand, dann der andere Fuß." Ich habe Angst. Auch jetzt beim Schreiben spüre ich sie wieder. Der Abgrund, das Nichts und die Angst, die immer wieder in mir aufsteigt. Ich löse meine Hände, halte sie an meinem Gurt fest. Jetzt soll ich auch noch die Füße heben! Doch, ich kann es, hänge kurz – und dann weiß ich erstmal nichts. Blackout.

Dann falle ich, drehe mich. Alles viel zu schnell, um Angst zu haben. Es ist so!

*Und dann sind wir in der Bauchlage! Toll!!!! Glück!!!! Vertrauen –
das Gefühl die Luft trägt mich! Das NICHTS trägt mich!!!! Fanta-
stisch. Ich genieße den Flug. Es ist toll. Der Himmel und die Erde,
die nur langsam näher kommt. Ich genieße das Fallen. Unfaßbar,
daß mich die Luft zu tragen scheint!*

*Dann geht der Fallschirm auf. Zuerst Enttäuschung, das Gefühl
irgendwo hängen geblieben zu sein. Das Fallen vorher war schöner.
Und vor dem Flug dachte ich es noch genau umgekehrt. Aber dann
kann ich mich umstellen und auch dies genießen. Etwas zu steuern
und den langsamen Flug zu genießen. Die weite Sicht. Ich muß lachen: Ich habs geschafft! Und es ist schön! Ja, da wo die Angst ist, da
ist auch das Glück und die Freude. Mein Thema. Beim Kurvendre-
hen muß ich Töne machen, mich in den Bauch runter holen, sonst
wird mir etwas mulmig im Bauch. Es bringt Spaß.*

*Dann kommt der Boden näher. Wir landen. Erde, Schwere, etwas
weich auf den Beinen, aber glücklich und erleichtert. Ich hab es geschafft, und es war toll. Ich lebe noch!*

*Die beiden Bilder der Urangst und des Urvertrauens werden mich
noch lange begleiten. Ich habe für mich erfahren, daß ich in sehr
angstbesetzten Situationen mit meinem Atem Ruhe finde. Und die
tiefe Erfahrung, auch wenn sie profan klingt: So lange ich atme, lebe
ich! Und: „Geh von Sekunde zu Sekunde, sie kannst du immer bestehen! Und: Da wo die Angst ist, ist auch das Glück.*

3. Die Leere

Und hier eine letzte Übung, die sie mit der Transzendenz in
Berührung bringen kann.

Sie können die Übung an jedem Ort machen, aber besonders
schön ist es vielleicht, sie kurz vor dem Einschlafen zu machen.

Legen Sie sich bequem hin und schließen Sie die Augen.

Sehen Sie hinter den geschlossenen Augen in den Raum, in diese
Leere. Nehmen Sie nichts weiter wahr wie diese Leere, dieses
Nichts vor Ihren Augen.

Verdichtet sich diese Leere wieder zu einem Gedanken, dann ver-
dünnen Sie diesen Gedanken oder dieses Gefühl wieder, bis da
wieder nur die ursprüngliche Leere ist.

Praktizieren Sie diesen Vorgang des Verdünnens mehrere Male ganz bewußt.

Kehren Sie nun mit Ihrer Aufmerksamkeit um und schauen Sie, ob Sie denjenigen finden können, der all das tat.

Lassen Sie es für einige Augenblicke zu, daß Sie die Leere vor Ihren Augen wahrnehmen, und sehen Sie sich dann selbst auch als Leere. Was empfinden Sie bei dieser Wahrnehmung?

*

*Jeden Menschen als einen Tempel Gottes behandeln,
heißt alle Religionen erfüllen.*
I. Khan

Teil 2

Der Weg

1 SICH DEM WACHSTUM VERPFLICHTEN
Der Alltag als Übung

> Uns als einen ständig fortlaufenden Schöpfungsprozeß
> zu erleben – darin liegt unsere Befreiung.
>
> Ernesto Flammer

Jeder von uns, der sich einmal auf das unmittelbare Erleben von Sterben und Tod wirklich eingelassen hat, wird sich erinnern oder es für immer wissen, welche verwandelnde Kraft von diesen erschütternden und bewegenden Erlebnissen ausgeht. Vielen von uns geschieht es dann, daß wir diese Anrufung für eine Weile in uns tragen, sie ernst nehmen und vielleicht auch einiges verändern, und dann, irgendwann, vielleicht ohne daß wir es selber so genau wahrnehmen, kehren wir doch zu dem alten Trott unseres Lebens zurück.

Frau Mailänder, eine Patientin berichtet:

„Vor sieben Jahren hatte ich einen schweren Unfall. In der Zeit, als ich dann in der Reha- Klinik war, wurde mir sehr bewußt, daß ich das ,bekommen hatte', weil ich einiges in meinem Leben ändern sollte. Das ewige Hetzen, das Geschäft nahm viel zu viel Raum in meinem Leben ein, und dann die 40 Zigaretten am Tag ... und wozu das alles, ich wußte es nicht. Ja, ich gab das Rauchen auf, aber wenn ich ehrlich bin, blieben von den anderen Dingen nur gute Vorsätze. Nun habe ich den Krebs, und ich bete täglich, daß es nicht schon zu spät ist, mein Leben wirklich zu ändern.

Für viele kommt also einmal oder mehrmals der Zeitpunkt, wo wir uns mit aller Entschlußkraft vornehmen: „Ich will diesem Wissen um meine Endlichkeit treu bleiben, ich will mich diesen meinen Einsichten verpflichten und einen Weg suchen, sie umzusetzen."

Die Erfahrung lehrt uns dann, daß selbst dieser Entschluß immer und immer wieder aufgenommen werden muß und von neuem Bekräftigung braucht. Auch reicht es zu einer wirklichen Veränderung leider nicht aus, diesen Weg ab und zu ein bißchen zu pflegen. Erst dann, wenn uns das Gehen dieses inneren Weges zu einer beständigen inneren Kraft wird, zu dem intensiven Wunsch zu Reifung und Wachstum, haben wir uns wirklich ganz eingelassen. Es ist dann so, daß das, was uns in diesen Momenten bewegt und erfaßt, eine tiefe Leidenschaft und Lust zum Wachstum ist, eine Bereitwilligkeit und Freude, die auf ganz spontane und natürliche Weise aus den Tiefen unserer Seele steigt.

Wenn wir diese Lust, diese Kraft in uns spüren, erfahren wir eine Anrufung, ein Bedürfnis zu einer veränderten Art des Lebens mit einer Ausrichtung auf das Wesentliche und auf Wachstum. Das, was wir dann als erstrebenswert erleben, liegt jenseits der rein materiellen, irdischen Existenz. Das bedeutet nicht, daß wir erdenflüchtig, erdenverachtend werden, ganz im Gegenteil, es bedeutet vielmehr, daß wir ganz bewußt die Gegebenheit der irdischen Existenz mit all unseren Sinnen und einem sich immer weiter öffnenden Bewußtsein erleben und lieben. Der erste Schritt, unser Bewußtsein zu öffnen, ist der, alle Erfahrungen, die uns Menschen durch diese Existenz gegeben sind, nicht als selbstverständlich zu nehmen, sondern als kostbares Geschenk.

Im mittelalterlich-christlichen Ideal hieß es, daß es möglich sei, jede Handlung, auch die oberflächlichste, so auszuführen, als wäre man in Gottes Gegenwart. Jede Handlung kann vollständig Gott gewidmet sein, und das bedeutet, daß wir dann zum Kanal kosmisch-göttlicher Kräfte werden und daß unser menschliches Ego dabei immer mehr zurücktritt:

Dem Alltag **als Übung im abschiedlichen Leben** zu erleben, kann uns zu einer religiösen oder spirituellen Grundhaltung werden. Ich sehe und erlebe in *allem,* was mir begegnet, Gott, Gottes Schöpfung und unendliche Vielfalt.

Das bist du – Tat Tvam Asi

sagen die Inder, und das bedeutet einfach alles, eben auch das, was ich nicht will, was ich erst einmal ablehne: Schmerzen, Einsamkeit, Abschied, Ungewißheit. Nichts, was mir begegnet, hat dann den Charakter der *matten Selbstverständlichkeit* und der daraus resultierenden Lebenshaltung, die alles wahrhaft Lebendige im Erleben und Dasein tötet.

Sie können den Weg beginnen, in dem Sie ein oder zwei Handlungen aus Ihrem Alltagsleben auswählen, die Sie mit Achtsamkeit und „Heiligung" ausführen möchten. Möglicherweise haben Sie das Bedürfnis, eine kleine Periode Ihres Tages auszusuchen, in der Sie eine solche Sammlung und Konzentration auf etwas hinwenden möchten. Oder Sie nehmen sich vor, eine Tätigkeit in einer Art zeremoniellen Tuns zu vollziehen. Ob das nun Tee trinken oder Auto fahren, den Abwasch machen oder ein Tagebuch schreiben ist, ist im Grunde nicht bedeutsam und ist von der Individualität jedes einzelnen abhängig.

Das Besondere und Geheimnisvolle an dieser Art des Erlebens ist es, daß wir sie immer und immer wieder erleben möchten. Durch unser Bewußtsein, durch unsere Aufmerksamkeit wird die Handlung einmalig, nicht durch irgend etwas Äußeres. Öffnen wir uns immer wieder für die Einzigartigkeit des Geschehens, auch wenn das Tun das gleiche bleibt, so beginnt eine innere Reise der Bewußtwerdung, der Veränderung und der Umgestaltung unserer Werte. Wir gehen einen nicht endenden Weg der Verwandlung, einen Weg, auf dem wir immer lebendiger, erfüllter, freier und tiefer leben. Unser Leben wird damit gleichzeitig einfacher und in einem äußerlich materiellen Sinne anspruchsloser.

Alle meditativen Wege, alle Schulungswege, alle spirituellen Pfade lehren diese Elemente eines verinnerlichten Lebens und Erlebens. Das, was den Menschen um den Reichtum erfüllender Erfahrungen bringt, sind die Gier, die Habsucht und die Sucht, besitzen und behalten zu wollen. In der Haltung, die anstrebt, beweglich, hingegeben, wandlungsbereit und loslassend zu sein, liegt die größte Chance, reich und erfüllt zu leben. Andererseits müssen wir, jeder einzelne von uns, erkennen, daß gerade das Loslassen, die Hingabe und das Vertrauen an das, was noch nicht da ist, das, was noch nicht sicher ist, das, was noch keinen Boden unter die Füße gibt, das Allerschwerste für uns ist. Es gilt also, einen langsamen, sanften Weg zu gehen, auf dem wir gütig und verständnisvoll mit uns umgehen, um langsam zu lernen, dem Unbekannten, Neuen zu vertrauen und uns hinzugeben ohne absicherndes Kontrollbedürfnis.

2 DAS LEBEN FEIERN

> Nur ein Herz,
> dem der Tod nichts Unbekanntes ist,
> kann das Geschenk des Lebens
> mit einem so tiefen Gefühl
> der Freude würdigen.
>> David Steindl-Rast, Fülle und Nichts.

„Manchmal finde ich es schade, aber es fällt mir schwer zu feiern. Auf so großen Festen fühle ich mich immer verloren und kann mich in die helle und laute Fröhlichkeit nicht einlassen.

Aber dieses Jahr hatte ich den Mut, zum ersten Mal seit zwanzig Jahren meinen Geburtstag zu feiern. Ich wollte meinen Freunden danken, daß sie mich immer wieder durch die dunklen Lebenszeiten begleitet haben, und ich wollte feiern, daß ich lebe. Die letzten Jahre fiel mir das Leben eher schwer, es war eher eine Last und eine Anstrengung, aber seit einigen Monaten spürte ich, wie gerne ich wieder lebe. Es sollte ein Dankesfest an meine Freunde und an das Leben werden.

Es war kein großes, spektakuläres Fest, aber es war sehr viel Liebe zu spüren. Zu Beginn stellte ich jeden vor, indem ich erzählte, wie ich jeden kennengelernt habe und was jeder einzelne für mein Leben bedeutet. Dadurch entstand viel Innigkeit und Herzlichkeit unter uns.

Für den Abschluß hatte ich noch Kleinigkeiten von mir, wie z. B. eine kleine Dose, ein Schmuckstück, einen besonderen Stein … auf ein Tablett gelegt. Jeder konnte sich dann ein Geschenk aussuchen als Dank von mir und als Erinnerung an das Fest.

Das Zusammensein hat mich lange erfüllt, und auch jetzt trägt es mich immer wieder, wenn ich mich verloren fühle oder mir das Leben zu schwer erscheint. Das Leben zu feiern trotz aller Schwere, das will ich lernen, und dafür war mir mein Geburtstag ein gutes Symbol."

Wie können wir lernen, das Leben viel mehr zu feiern, es zu zelebrieren?

Es braucht dazu nicht die großen, lauten Feste und Ereignisse, sondern es ereignet sich vielmehr in unserem Inneren, in unserer inneren Einstellung und Haltung.

Es bedeutet zum einen, daß wir das, was da ist, **nicht als selbstverständlich ansehen.** Wir nehmen es oft als selbstverständlich hin, daß wir zu essen haben, eine Wohnung zum Leben haben, daß Menschen da sind. Dadurch wird uns das Leben schnell langweilig und fad. In einer Lebenseinstellung, die das Leben feiern will, ist für uns nichts selbstverständlich. Wenn wir uns jeden Tag bewußt machen würden, daß es eben nicht selbstverständlich ist, das wir am Morgen einigermaßen gesund aus dem Bett aufstehen, dann würden wir dankbar staunen, daß es uns möglich ist. Wenn wir tagelang gefastet haben, wie feiern wir dann das Essen, wie können wir uns dann an einer Frucht, an ihrem Geruch, ihrer Form, ihrem Geschmack freuen! Es ist für uns dann wieder wie ein Wunder: So schmeckt ein Apfel!

Vielleicht bedeutet das Leben festlich zu leben wieder vielmehr, wie die Kinder zu werden und zu staunen, weil sie die Welt noch nicht so selbstverständlich nehmen. Wir versuchen immer, alles intellektuell zu erfassen, zu analysieren, so daß wir verlernt haben zu spüren, wahrzunehmen, zu staunen. Rilke schreibt dazu:

> *Du mußt das Leben nicht verstehen,*
> *dann wird es werden wie ein Fest.*
> *Und laß dir jeden Tag geschehen*
> *so wie ein Kind im Weitergehen*
> *von jedem Wehen*
> *sich viele Blüten schenken läßt.*
> Rainer Maria Rilke

Wir können uns fragen: Was kann ich heute feiern? Wie kann ich heute Momente des Feierns erleben? Sei es, daß Sie heute Ihr Essen mit einem achtsamen Bewußtsein und mit Dankbarkeit essen, es vielleicht besonders gestalten, indem Sie sich dabei eine Kerze anzünden oder eine Blume darzustellen und einige Momente innehalten. Vielleicht kann es durch einen Spaziergang geschehen, bei dem

Sie nicht schnell durch die Gegend gehen, sondern mit Achtsamkeit in einen Dialog mit der Natur treten. Die Natur staunend zu betrachten und zu warten, was ein Baum oder der Himmel heute zu Ihnen sagt. Vielleicht kann Ihr Tag auch etwas festliches bekommen, indem Sie einige Gedichte lesen, die Ihre Seele und Ihr Herz berühren, die verborgene Kammern in Ihnen öffnen und Sie dadurch spüren: „Ja, genau darum geht es ja."

Lassen Sie sich Zeit. Sie werden für sich vielfältige Möglichkeiten finden, Lebensaugenblicke, die sonst so selbstverständlich sind, zu feiern. Denn nichts ist eigentlich selbstverständlich.

Manchmal wird es uns leichter fallen, die Welt und das, was uns begegnet, nicht als selbstverständlich zu nehmen, zu anderen Zeiten müssen wir uns darum bemühen. Da ist es dann so, daß wir unsere Aufmerksamkeit bewußt dahin lenken müssen, die Kleinigkeiten wahrzunehmen. Durch bewußte Hinwendung zu kleinen Kostbarkeiten kann sich Schwere und Belastung umwandeln in Dankbarkeit und Einklang. Aber manchmal braucht es dafür unsere Kraft.

Nehmen wir das Leben nicht als selbstverständlich, dann erleben wir immer wieder Zeiten der tiefen **Dankbarkeit.** Dankbarkeit für Erlebnisse und Möglichkeiten, die uns oft so klein erscheinen. Wenden wir uns ihnen aber zu, erkennen sie, indem was sie für uns sind, werden sie groß und erfüllen uns.

Erleben wir Dankbarkeit, dann fühlen wir uns eins mit dem Leben, so wie es ist. Es muß nicht erst anders werden, sich nicht erst dieser oder jener Wunsch erfüllen, bis wir zufrieden sind, sondern wir entdecken, daß es so, wie es ist, voll und ganz ist, auch wenn nicht alle Wünsche erfüllt sind. In der Dankbarkeit entsteht der Wunsch zu danken, also zu feiern.

Feiern in dem Sinne bedeutet, bewußt zu gestalten, meinen Dank leben.

Wir haben verlernt, Geschenke anzunehmen. Freuen wir uns über ein Geschenk, nehmen wir es als Geschenk an, dann entsteht in uns Freude und Dankbarkeit. Wir können dann erfahren, daß wir den Gebenden allein durch unsere Freude und tiefe Dankbarkeit beschenken, und es entsteht eine Verbundenheit: Ja, ich nehme dein Geschenk an. Ich lasse mich beschenken und freue mich daran. Ich werde nicht gleich wieder der Macher, indem ich mir überlege, was ich dir zurückschenken kann. Ich vertraue, daß mein Dank, mein Annehmen des Geschenkes den anderen auch freut.

Leben wir unser Leben mit wachem Empfinden für das, was uns gegeben wird, werden wir öfters Momente wahrer und beglückender Dankbarkeit erleben. Der Dank mag sich manchmal an ein Du richten, manchmal an Gott, ans Universum, ans Leben oder wie immer jede von uns dies benennt. Dankbarkeit verbindet uns mit anderen Menschen und mit dem Leben. Wir fühlen uns wahrgenommen und geborgen, es stimmt uns festlich und freudig.

Wenn wir das Leben mehr feiern wollen, bedeutet es auch, uns zu hinterfragen, wie **achtsam** wir mit Menschen und mit Dingen umgehen. Achtsamkeit ist eine gegensätzliche Haltung zur Selbstverständlichkeit. Vielleicht erinnern Sie sich noch, wie ihnen als Kind ein großer Wunsch erfüllt wurde: vielleicht ein neues Kleid, vielleicht die Rollschuhe, die Sie sich lange ersehnt hatten. Sie staunten und freuten sich darüber und pflegten es besonders. Da haben Sie das Kleid abends ordentlich aufgehängt, was Ihnen sonst gar nicht entsprach, oder die Rollschuhe wurden rein geräumt, während die anderen Spielsachen draußen blieben. Kennen Sie das noch heute: Wenn Sie etwas passendes gefunden haben, sich immer wieder daran zu freuen? Vielleicht auch stolz darauf zu sein? Es immer wieder anzuschauen und sich zu freuen?

Oder auch in der Begegnung mit Menschen: Wenn wir einen Menschen neu kennengelernt haben, schreiben wir viele Briefe, hören achtsam auf versteckte Wünsche und Bedürfnisse, um sie zu erfüllen, um den anderen zu beschenken. Leben wir jedoch schon länger mit dem anderen zusammen, wird uns das Zusammensein zur Selbstverständlichkeit, und wir gehen oft unachtsam miteinander um. Das Leben zu feiern heißt auch, das Zusammensein zu würdigen, sich bewußt Zeit füreinander zu nehmen, sei es im Gespräch oder bei einer Aktivität.

Das Leben zu feiern heißt, es lebendig zu leben mit all seinem Schönen und Dunklen: Beides gehört zum Leben. Leben ist Polarität, ist „gut" und „schlecht", „häßlich" und „schön" ... Feiern heißt auch, das Leben in seiner Fülle anzuerkennen. Innerlich wach und lebendig zu sein und nicht wie innerlich tot. Rilke sagt: „Tod, ist, wenn einer lebt und es nicht weiß. Tod ist, wenn einer gar nicht sterben kann."

Feste feiern wir normalerweise, wenn ein besonderer Anlaß besteht: Ein fünjähriges Bestehen einer Firma, ein Geburtstag. Ein Festtag ist ein Tag, der sich von den anderen abhebt. Und wir sehnen uns danach, uns immer wieder aus dem Alltäglichen, aus dem Gleichmaß herauszuheben. Leben wir unser Leben festlich, dann machen wir uns jeden Tag auf die Suche nach dem Besonderen. Und dies müssen nicht die großen Sachen sein. Es muß nicht immer nach unserem gesellschaftlichen Maßstab immer höher, toller, riskanter sein, damit wir überhaupt etwas spüren, sondern es geht um die Suche, in dem Kleinen das Besondere, das Freudige zu erkennen. Wir lassen uns dann ganz anders auf die Welt ein, erfahren mehr Freude. Unser Leben ist dann nicht mehr eine „Dienstreise", besteht nicht nur aus Verpflichtungen und Aufgaben und den besonderen Festen, die uns manchmal rausreißen, sondern wir erfahren im Alltag das Freudige und Festliche. Wir werden dann solche Momente erleben wie Hermann Hesse sie beschreibt:

Atmen in vollkommener Gegenwart
Mitsingen im Chor der Spähren
Mitlachen im ewigen Lachen Gottes
Das ist unsere Teilhabe am Glück.
Viele haben es nur einmal,
viele nur wenige Male erlebt.
Aber der es erlebt hat,
ist nicht nur für einen Augenblick glücklich gewesen
Er hat auch etwas vom Glanz und Klang,
etwas vom Licht der zeitlosen Freude mitgebracht.
Hermann Hesse

aus: Gesammelte Dichtungen, Band VI: Betrachtungen.
© Suhrkamp Verlag Frankfurt am Main 1952